自分に合った働き方を手に入れる!

転職面接の話し方・伝え方

株式会社クライス&カンパニー代表取締役

丸山貴宏

Takahiro Maruyama

高橋書店

転職の〝成功〟とはいったいどういうこと？

「給与が少ない」
「残業が多い」
「やりがいがない」など、
会社や仕事に対する不満を抱え、
やがて頭の中に〝転職〟という言葉が浮かんでくる。
これはいたってしぜんなこと。

現代には転職をサポートするビジネスや、
採用されるためのノウハウが多く存在し、
おかげで転職は昔よりも手軽になった。

転職サイトを見て、かたっぱしから応募する。
転職対策本を読み、面接の回答例を作成する。
作った回答例を丸暗記して、面接で披露する。

これらの転職活動は一見正しいように見えるが、
じつは問題点もある。

たとえば、残業がいやで転職を決意したのに、
転職先はもっと忙しい働き方の会社だったら？
給与の低さが不満で転職を決意したのに、
転職先の企業の給与はもっと低かったら？

この転職は本当に成功といえる？

希望が叶わない転職はする意味がない

「もったいない」

これは、25年以上にわたり、延べ1万人を超える転職希望者に面談やカウンセリングを行ってきた私が、「現代の転職希望者」に対して感じていることです。

その理由をお伝えする前に、少しだけ私の自己紹介をさせてください。

私は、30〜40代の転職希望者を中心に転職のサポートをする、人材紹介会社を経営しています。相談者の転職を成功させるのはもちろんですが、それ以上に〝転職後の職場での活躍を考えたサポート〟をモットーとしています。これは創業当初から変わらぬモットーですが、最近この思いをとくに強くしています。

なぜなら、近年は「転職したが活躍できず再び転職する」という人が増えているからです。目的をもって、ステップアップのために転職をくり返しているのなら問題ではありません。しかし実際は、せっかく転職しても後悔してしまう人が少なくないのが現実です。

とくに30代以降の転職はその後の人生を大きく左右するため、転職者の将来やライフプランも考えた転職サポートが必須です。弊社ではその点を重視したサポートを行っており、弊社利用者の96%が「満足できる転職ができた」と答えてくれています。

そうした長年の経験で私は、転職で「幸せになる人」と「後悔する人」の差は〝能力〟ではないということに気づきました。もったいぶらずに言うと、その差は「転職の目的が明確になっているかどうか」と「その目的を面接で正直に話しているかどうか」です。

後悔する転職をする人は、採用されることだけを目指し、転職目的や転職後の仕事内容、働き方に対する意識が二の次になっています。その結果、ようやく手にした転職が、本来の目的とは異なった満足できないものになってしまうのです。

これが、私が現代の転職希望者を「もったいない」と感じる最大の理由です。

本書では、「後悔する転職」を防ぎ、「幸せになれる転職」を実現する方法を紹介しています。読み込んでいただき、多くの方が理想の転職を実現することを祈っています。

自分に合った働き方を手に入れる方法

以下の流れで面接までの準備をしていきます。面接まで時間がないときは、図解や章末のまとめページだけでも読んで準備を進めましょう。

＼面接までに／

3つのステップで希望が叶う話し方・伝え方をおさえる

第2章

ステップ1　転職の目的を明確にする

「何のために転職するのか」が定まっていないと理想の転職はできません。まずは転職先への希望を整理し、転職目的を明確にします。

第3章

ステップ2　質問の意図を把握する

希望や自己アピールを自分勝手に話すのはＮＧ。質問の意図を把握し、自分の考えを伝えるのに適切なタイミングをおさえます。

第4章

ステップ3　納得してもらえる伝え方を知る

明確な目的や根拠があっても、誤った伝え方をすると面接官は納得してくれません。自分の考えを効果的に伝える術をおさえます。

＼面接までに／

転職目的ごとの面接の話し方・伝え方をおさえる

「給与を上げたい」
「キャリアアップしたい」
「業界を変えたい」
「職種を変えたい」……など

第5章

納得してもらえる希望の伝え方をおさえる

面接官に希望を理解してもらうためには、退職理由や志望理由で伝えるべきことがあります。目的ごとの会話のポイントをおさえます。

＼面接直前／

会話以外で気をつけたいポイントをおさえる

第6章

面接前後・面接中に気をつけたいマナー

企業とのやりとりなどから、ビジネスパーソンとしての質が見抜かれます。マナーや気遣いのポイントをおさえます。

＼面接後／

自分に合った企業を見つけるコツを知る

第7章

自分の希望や条件に合う企業の見つけ方

希望が叶う転職がなかなか実現できないときは、応募企業を見直すのも手。企業を見極めるためのチェックポイントをおさえましょう。

contents

第1章

転職で後悔しないための3つのステップ

第2章

ステップ1
転職の目的を明確にする

第3章

ステップ2
質問の意図を把握する

第4章

ステップ3
納得してもらえる伝え方を知る

第5章

転職目的別 面接の話し方・伝え方

業界

人間関係の問題
自分の責任

第6章

話し方以外で気をつけること

第7章 自分に合った企業の探し方

STAFF
執筆協力／遠藤由次郎
イラスト／加納徳博
本文デザイン・ＤＴＰ・図版作成／ISSHIKI
校正／菅原祥子

第1章

転職で後悔しないための3つのステップ

面接直前の「丸暗記」が自分に合った働き方を遠ざける

「自分に合った会社に転職したいのなら、絶対に回答例の丸暗記はしないでください」。私がそう言うと、とくに20～30代前半の方は不思議そうな顔をします。なぜでしょうか？

それは新卒採用試験から年月が経っていないからです。応募者が多く試験日程もタイトな新卒面接では、質問内容や評価基準がマニュアル化されていることが多く、おのずと評価される回答例も決まってきます。そのため、「丸暗記」が一定の効果を発揮します。その成功体験が頭に残っているため、転職面接にも回答例の丸暗記で挑んでしまうのです。

しかし、これは転職失敗の大きな要因です。マニュアル通りの回答は面接官の頭に残りにくいうえに、一方的な発言とみなされ、コミュニケーション能力が低いととられることもあります。また、もし採用されたとしても、企業に自分の本音や希望がうまく伝わっていなければ、転職後に「こんなはずじゃなかった」と後悔してしまいます。

転職面接と新卒面接は別モノ！

▼新卒面接

どうしてうちで働きたいの？

尊敬するサークルの先輩が働いているからです！

採点表	A	B	C	…
具体性	3	1	2	…
明るさ	2	1	3	…
礼儀	3	2	2	…
合計点	8	4	7	…

A → 採用！　C → 採用！

おもしろそうな仕事だと感じたので応募しました！

インターンしてみたらとてもやりがいがありました！

ある程度の評価基準があるため
マニュアル通りの回答でも通用する

▼転職面接

どうしてうちで働きたいの？

以前から御社の商品に魅力を感じていたからです。御社の商品は消費者のニーズを的確につかんでおり、他社にはない魅力があります。現在私は商品開発をしておりまして、そこで培ったノウハウは御社の仕事でも〜〜

優秀そうだけど
本心が見えないな……
本当にうちに合う人なのかな？
↓
内面がよくわからないので
不採用！

適性を判断してもらうために
本音で話す必要がある

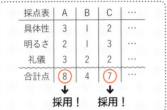

転職における後悔の9割は本音で話すことで防げる

転職で自分に合った働き方を手に入れるためには、面接でなにを話せばいいのか。それは「自分の本音」です。自分の考えや希望を正直に話せばよいのです。

そもそも転職とは、「今の会社での問題を解決する」ための手段です。したがって「今どんな不満や不安をもっていて、それをどう変えたいのか」という希望を話し、面接官に納得してもらったうえで、その問題が解決できる企業に転職しなくては意味がありません。

それにもかかわらず、給与や人間関係への不満など、ネガティブな転職理由を話すと自分の評価が下がると考え、本音を隠す人がいます。これでは、面接官はあなたの希望を正しく理解できず、転職しても自分に合った働き方は手に入りません。むしろ問題をみずから解決しようと行動するのは、社会人として当たり前のことです。話しづらい理由でも、相手が納得してくれれば問題はなく、不採用にはなりません。

本音を隠すとほぼ100％後悔する！

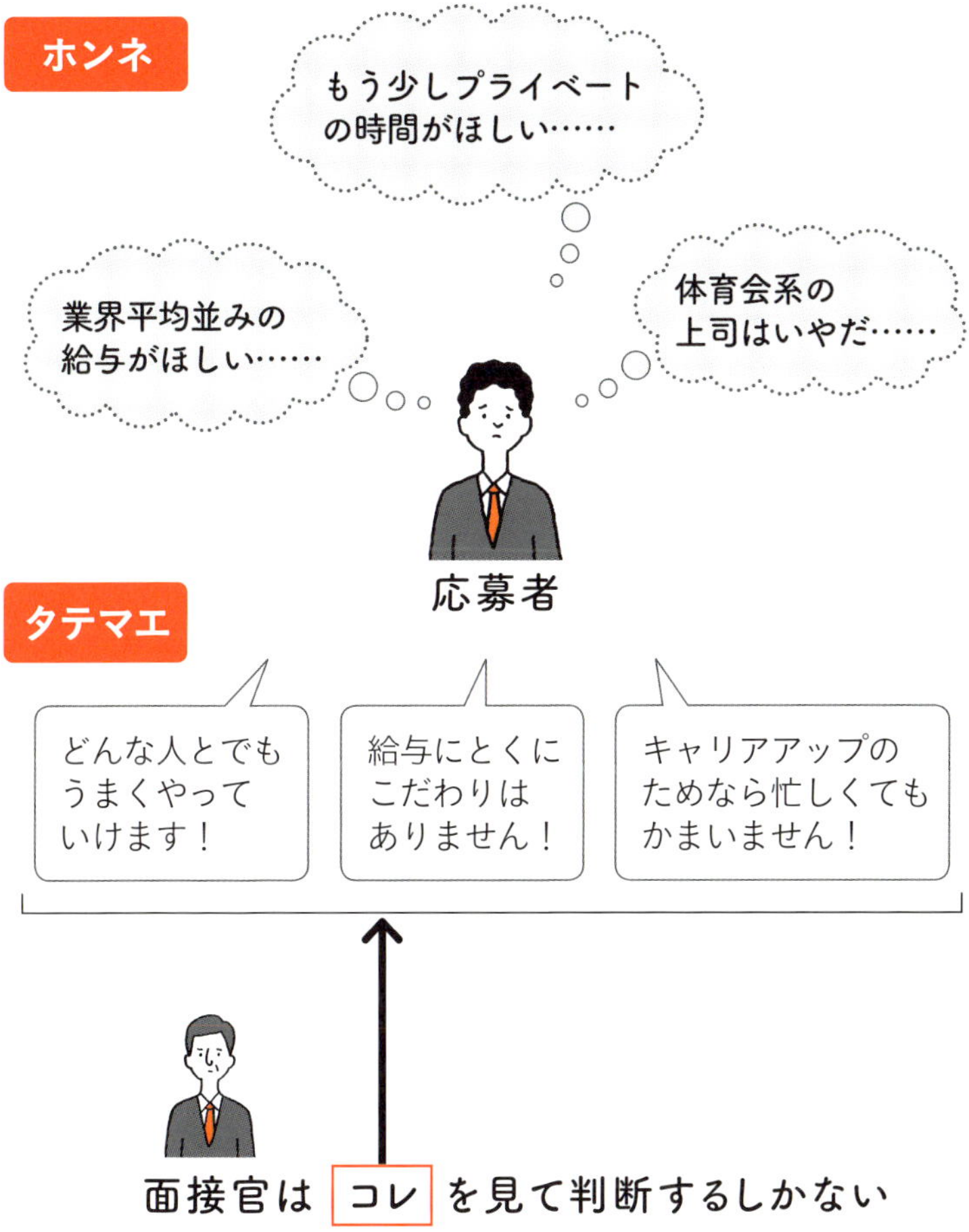

本音を隠すと希望がしっかり伝わらず
ミスマッチな採用につながる！

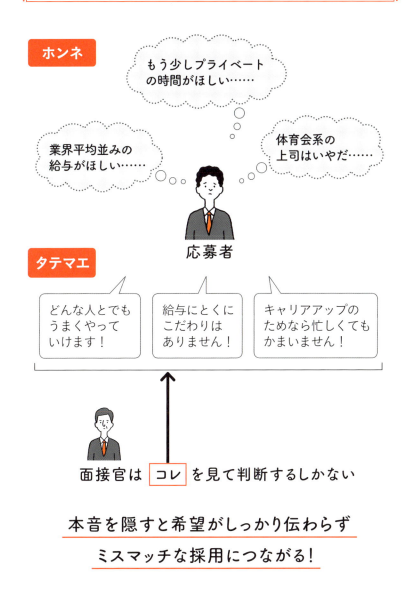

そもそも面接で本音を隠しても面接官には見抜かれる

面接官にバレなければ、本音を隠して話しても問題ないと考える人もいるかもしれません。しかしハッキリ言いますが、転職面接での嘘は１００％見抜かれます。

中途採用では基本的に「即戦力」となる人材が求められるため、面接官は間違いなく経験豊富なビジネスパーソンが務めます。人事面接であっても、中途採用では人事歴10年超の〝プロ〟が担当するということもあります。そのため、借りものの言葉で本音を隠しても、会話の端々にあらわれる矛盾や焦りには気づかれてしまうのです。

また、転職面接はただの質疑応答ではなく、応募者と面接官のコミュニケーションの場です。したがって、面接官は疑問に思ったことはとことん聞いてきます。そして残念ながら、面接官によって明らかにされた本音がプラスにはたらくことはめったにありません。「転職面接では本音で話す」、これは転職で後悔しないための基本中の基本です。

ベテラン面接官の目はごまかせない！

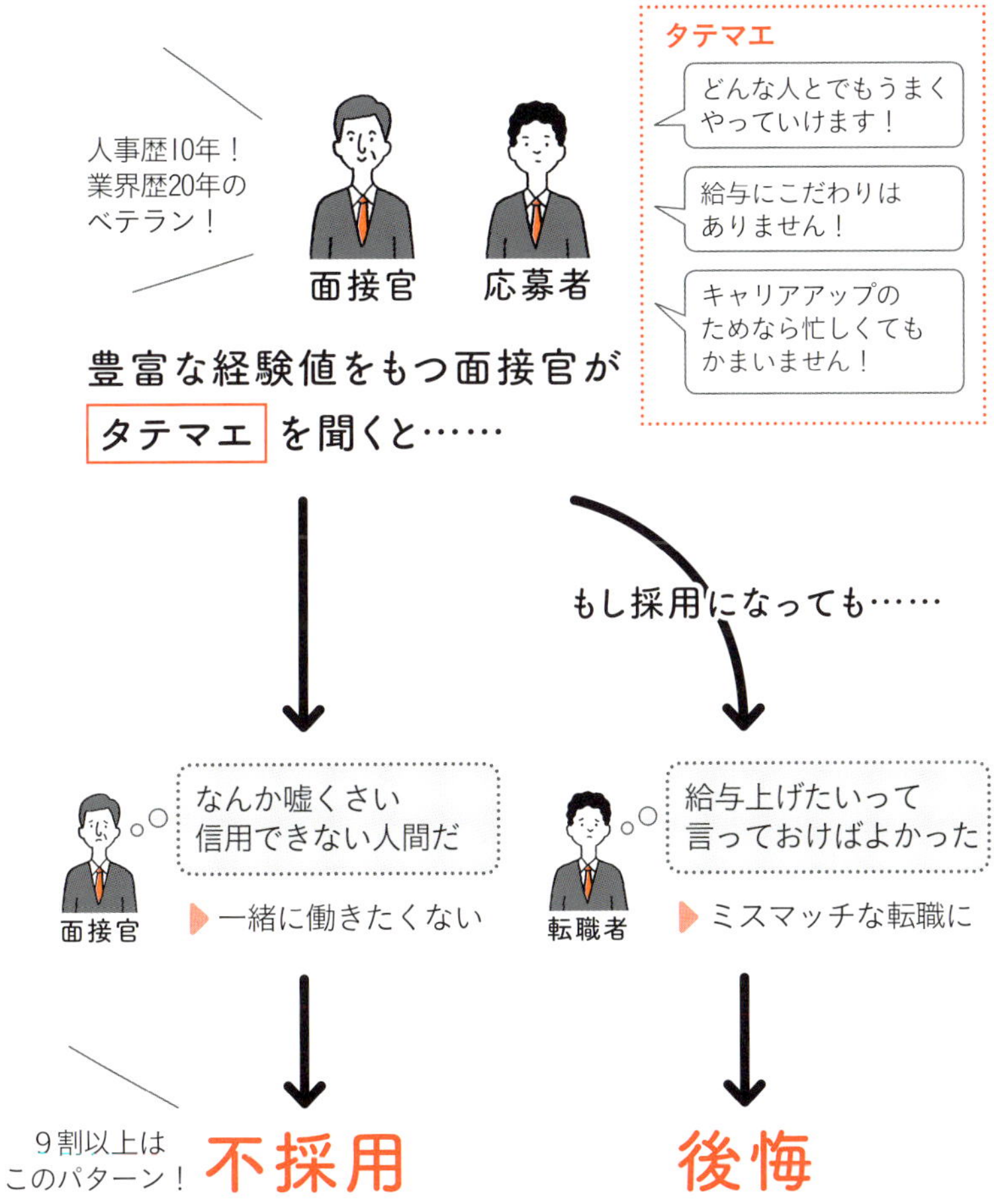

採用されたいからと、
面接で本音を隠してもよいことはない！

本音で話した結果面接で落ちても悩む必要はまったくない！

転職面接で本音で話すことには、もうひとつの大きなメリットがあります。それは、「採用に至らなくても悩まなくてよい」ということです。

希望や本音を正直に伝えたのに採用されなかったとき、原因は「自分と企業が求めるもののあいだにズレがあった」と「ほかに自分より優れている人がいた」のふたつに分かれます。前者の場合は、かんたんに言うと「条件が合わなかった」だけのこと。この場合は企業側だけでなく、自身もどこか「この会社違うかも……」と違和感を抱いているものです。その違和感を無視して入社しても、「こんなはずじゃなかった」と後悔するだけです。

一方、後者の場合は、「運が悪かった」と開き直ってかまいません。なぜなら、あなたに落ち度はないからです。このように、面接で本音を話すことには、たとえ不採用になっても落ち込む必要はなく、気楽に活動を続けていけるというメリットもあるのです。

本音で話して不採用なら心配いらない

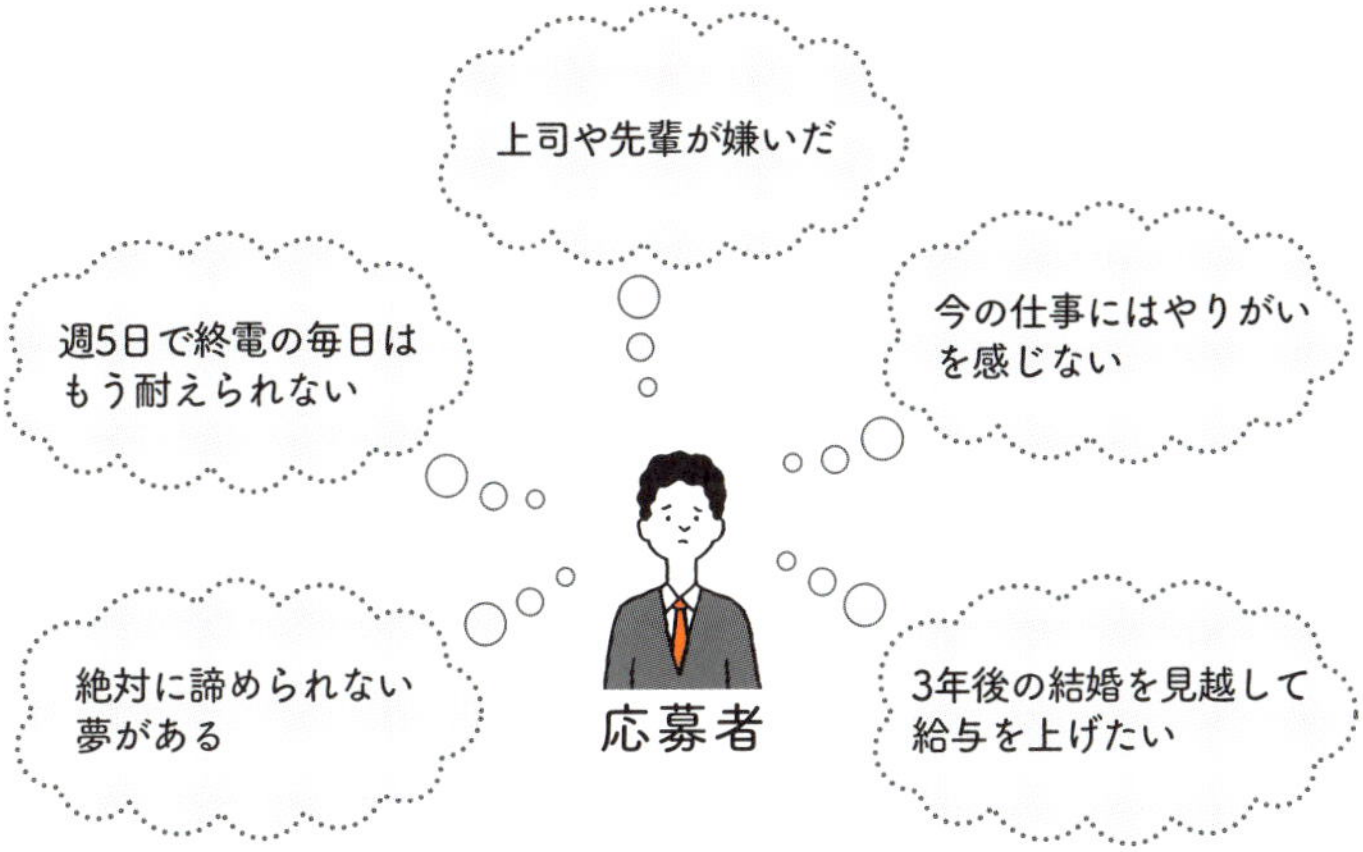

転職はこれらの問題を解決する手段！

条件が合わなくても悩む必要はない

次の企業に挑戦すればいいだけ！

自分に合った働き方は3つのステップで手に入る

自分に合った働き方を手に入れるには、事情や希望を適切に伝え、理解し納得してもらう必要があります。本書では、そのためのアドバイスを3つのステップで紹介します。

まずステップ1（第2章）は「転職の目的を明確にする」ことです。希望を伝えようにも、転職の目的が明確になっていなくては話せません。「給与アップ」や「スキルアップ」など、転職目的を明確にするための考え方をアドバイスします。

次のステップ2（第3章）は、面接官の「質問の意図を把握する」ことです。本音を一方的に伝えるのではなく、質問の意図に合わせて的確に伝えることが大切です。

そしてステップ3（第4章）は、「納得してもらえる伝え方を知る」ことです。〝ものは言いよう〟ともいいますが、同じ本音でも、伝え方しだいで面接官が受ける印象は異なります。下手な伝え方をして損をしないよう、気をつけるべきポイントをおさえましょう。

希望が叶う転職への3ステップ

▼ステップ1　転職の目的を明確にする

一貫性のある
会話をするためにも
おろそかに
しないように！

→ 第2章
33ページへ！

▼ステップ2　質問の意図を把握する

本音を言う
タイミングを
間違えないために

→ 第3章
49ページへ！

▼ステップ3　納得してもらえる伝え方を知る

本音を武器へと
変える方法

→ 第4章
67ページへ！

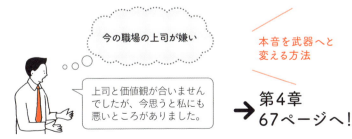

転職成功のためのステップ❶

転職の目的を明確にする

▼転職は「手段」であり「目的」ではない

くり返しになりますが、転職は「今の会社における問題を解決する」ための手段です。そのためには現在抱えている問題を正確に把握する必要があります。

しかし実際には、多くの転職希望者が「同期が転職したから」「今の会社で3年経ったから」「本当にやりたかった仕事ではないから」など、何のために転職するのかが不明確なまま、転職活動をはじめてしまいます。

周りに流されて「なんとなく」転職活動をはじめた彼らにとっては、**転職すること自体が目的になっている**のです。

▼目的が定まっていないから後悔する

転職の目的が定まらないまま面接に挑んでも、一貫性のある回答はできません。その場しのぎで答えても、話の内容が矛盾し、面接官に「この人はなぜ転職するのだろう?」と違和感を抱かせてしまいます。

また、もしそれで採用に至ったとしても、「なにを求めてこの会社に転職したのか」がわかっていなければ、転職を後悔するおそれがあります。その結果、しだいに「この会社も自分に合っていないかも」と思うようになり、**転職をくり返してしまうのです。**

このような事態に陥らないためにも、まずは転職の目的を明確にしましょう。

面接官のホンネ

面接官のボヤキ❶ ▸▸**転職の目的がない人は採用しづらい**

意外と多いんです、転職の目的がはっきり見えない人って。「なんとなく不安がある」という気持ちはわかりますけど、そういう人はまた“なんとなく”で辞めます。すると面接官の責任になる。だから採用はしません。

目的が明確な人・不明確な人の差

▼目的が不明確だと話が矛盾する

面接官

応募者

応募者：給与額に不満を感じて退職を決意しました。

面接官：では、なぜ弊社を志望したのですか？

応募者：以前から御社の仕事に魅力を感じていたからです。未経験の仕事ではありますが頑張ります！

未経験だと給与は低くなるけどいいのかな？
給与額は本当の退職理由ではないのでは？

→ ✕ 印象悪い

▼目的が明確だと話に一貫性がでる

面接官

応募者

応募者：給与額に不満を感じて退職を決意しました。

面接官：では、なぜ弊社を志望したのですか？

応募者：御社でなら、これまでのスキルを充分に発揮し、給与アップできると思ったからです。御社のマーケティング戦略にも魅力を感じました。経験を活かして頑張ります！

うちの強みも理解しているし、
業務経験もあり即戦力になりそうだ！

→ ○ 印象よい

転職成功のためのステップ❷

質問の意図を把握する

▼なにを聞かれているか把握する

転職面接に臨む方の多くは「なにを話すか」に集中していると思います。

しかし、転職面接は一方的な自己アピールの場ではありません。**一人のビジネスパーソンと企業がお互いの希望を確認し合う、コミュニケーションの場です。**面接官の質問の意図に反した回答をしたり、無理やり自己アピールに繋げたりすると、プラスになるどころか「コミュニケーション能力のない人」とマイナス点がつくだけです。

これでは、たとえ企業側が求める条件に合致していたとしても「不採用」になるでしょう。

▼質問には的確かつ親切に答える

転職面接では、**面接官が「なにを知りたいのか」を的確にとらえ、それに明確に答える**ことに全神経を集中させましょう。

これは会話の基本ですが、「職務経歴を聞かれたのに自己アピールをしてしまう」「退職理由を聞かれたのに、志望理由を答えてしまう」というのはよくあることです。

そして答える際は「はい」「いいえ」だけでなく、そこから話が広がるような情報を加える気遣いもあると好印象です。

もし、質問の意図がわからなかったら、「どのようにお答えすればよいでしょうか?」と聞いてもかまわないでしょう。

面接官のホンネ

面接官のボヤキ❷ ▸▸聞いてもいないことを話す人が多すぎる

ひとつ聞くと、どんどん勝手に話を展開して10も20も返してくる人がいます。そういう人は、今の会社でも「使いづらい人」と思われているんじゃないでしょうか。ひとつ聞いたら“ひとつ半”くらいで返してほしいものです。

意図を把握できる人・できない人の差

▼意図が把握できないと自分勝手な会話に

面接官

これまでのお仕事を
ざっと教えてください。

英語での営業をしてきました。
TOEFL iBTは108点でTOEICは
800点です。
留学の経験もありまして〜〜

応募者

経歴だけ話してくれればいいのに。
たしかに英語はできるみたいだけど、
そんなことまで聞いてないよ……

→ ✕ 印象悪い

▼意図が把握できると強みを効果的に伝えられる

面接官

これまでのお仕事を
ざっと教えてください。

新卒入社から5年間A社に勤め、
最初の2年は国内営業、残りの
3年は海外担当でした。

応募者

英語の仕事にも慣れているの
ですか？

はい。一応TOEFL iBTは108点、
TOEICは800点をとっています。

営業経験や語学力もあるようだし、
募集している人材にぴったりだ！

→ ○ 印象よい

転職成功のためのステップ❸

納得してもらえる伝え方を知る

▼聞かれたことならなにを話してもOK

面接で話す内容は、質問の意図に合っていれば、どんなことでもかまいません。

「ネガティブな転職理由」や「お金の話」は避けるべきなどといわれますが、それではあなたの希望や価値観は伝わりません。そもそも、ネガティブな理由以外で転職する人なんて一握りですし、面接官もそれはわかっています。それらが**転職の目的ならしっかり伝えるべきでしょう。**

また、「ワークライフバランス」や「人間関係」など、俗にいう〝面接流行り言葉〟にまとめる人もいますが、意味が広すぎて適切に伝わらないため、感心はできません。

▼気をつけるべきは「伝え方」

面接では本音を話そうと言いましたが、本音をそのまま言葉にすることは得策とはいえません。なぜなら**同じ内容でも、伝え方によって印象がよくなったり悪くなったりする**からです。

たとえば、今の職場の上司と相性が悪くて転職する場合。上司の批判をするだけでは無責任な印象を与えます。

しかし、「上司と考えが合いませんでしたが、今思えば私にも悪いところがありました」と反省の言葉も添えれば、自分の行動を省みることができる人という評価を得られます。

面接官のホンネ

面接官のボヤキ❸ ▸▸面接官も同じ人間です

面接官もみなさんと同じ人間です。だから、本音で話してくれている人には人間味を感じるし、共感することもあります。逆に建て前で話している人には寄り添えません。だから、話しにくいことでも正直に話してください。

伝え方が上手な人・下手な人の差

▼伝え方が下手な人は印象で損をする

なぜ転職するのですか？

面接官

残業が多かったからです。
やはり残業が続くときついですから。
転職後はなるべく残業しないで働こうと考えています。

応募者

そうだったんですか。

残業させると文句を言いそうだ。
扱いにくそうだな。

→ ✕ 印象悪い

▼伝え方が上手な人は理解してもらえる

なぜ転職するのですか？

面接官

ほぼ毎日終電という働き方を変えたいと思いまして……
その分スキルは身につきましたが、自由な時間は一切ありませんでした。
将来のためにプライベートも重視したく、転職を決意しました。

応募者

たしかに、それは大変だな。
それならしかたないな。

→ ○ 印象よい

面接直前チェック!

第1章のまとめ

▼面接では本音で話す

受かりたいがために面接でとりつくろった回答をしてしまうと、
自分の不満や希望はうまく伝わりません。
それでは、たとえ転職できたとしても希望は叶いません。
転職は目的ではなく、不満を解決するための手段です。
本音を正直に話し、相手に理解してもらったうえで転職しましょう。

▼本音で話してだめでも落ち込まない

面接で自分の不満や希望を正直に話した場合、
たとえそれで不採用になっても原因は「ほかに優秀な人がいた」か、
「企業が求める条件と合わなかった」かのどちらかです。
企業の条件に自分を合わせて転職する必要はないので、
落ち込まなくていいのです。

▼転職成功のためには3つのステップをふむ

❶ 転職の目的を明確にする

転職で希望を叶えようにも、考えが定まらず、あれもこれもと求めては話が矛盾してしまいます。転職の最大の目的はひとつに絞り、一貫性のある回答を心がけましょう。

❷ 質問の意図を把握する

面接では聞かれたことに的確に答えます。転職目的や希望を自分勝手に話しても、面接官には伝わりません。質問の意図に合わせて自分の考えを伝えましょう。

❸ 納得してもらえる伝え方を知る

転職目的や希望は、伝え方を工夫することで相手により理解してもらえるようになります。第4章と第5章を参考にして、効果的な伝え方を考えてみましょう。

第2章

ステップ1
転職の目的を明確にする

目的のない〝なんとなく転職〟で後悔する人が増えている

20〜30代の若い方の転職相談を受けていると、驚くことに〝なんとなくそろそろと思って〟という理由で転職活動をはじめたという人が本当にたくさんいます。

これは、ひとつの会社に固執せず、時代に合わせて会社を移る人が増えたことで、「転職者＝続かない人」というレッテルが消えつつあることも、理由のひとつと考えられます。

また、それにともなって「転職ビジネス」が拡大し、インターネットで容易に求人情報の閲覧や応募ができるようになったのも、大きな要因といえるでしょう。そのため、今の20〜30代にとって、転職のハードルは限りなくゼロに近くなったのです。

そして転職が手軽になったことで増えたのが、〝なんとなく転職〟です。転職は問題解決の手段であるはずなのに、その問題さえわからないまま、とりあえず気軽に転職活動をはじめてみる。そのため、転職をしても達成感や満足感が得られず、後悔してしまうのです。

目的をもたない転職希望者が急増中！

景気の激しい変動　転職ビジネスの拡大

転職サイトによる一括応募

インターネットでの情報収集　労働力不足

↓

転職のハードルが下がった！

以前　現在

転職
転職

↓

軽い気持ちで転職活動をはじめられるようになった

友達も転職して楽しそうだった。
なんとなく応募した。
今の仕事で3年経ったから。

“目的”のない転職で後悔する人が増えている！

〃転職しない〃という選択も充分に立派な決断

解決すべき問題が不明確なまま転職しても、理想の未来は手に入りません。そうならないように、次のページからは「自分は転職でどんな問題を解決したいのか」という、転職の目的を明確にするための考え方を紹介します。

しかし、忘れないでいただきたいのは、〃転職しない〃という選択肢もあるということ。はっきり言うと、転職ですべてが好転することはほとんどありません。「給与は上がったが今まで以上の努力が必要になった」「スキルの幅は広がったが年収は下がった」など、得るものもあれば失うものもあります。

そのため、この第2章を読んで転職する目的が見つからなくても、心配する必要はありません。それはつまり、今の会社で頑張るのが最善だということです。今の会社で成長し、思い描いていた未来が手に入るなら、転職はしないに越したことはないのです。

転職しない勇気も必要

転職する理由は?

- 給与が低い
- やりがいがない
- 上司と意見が合わない

転職しない理由は?

- 今の会社でも給与アップできる
- 今より悪くなる可能性もある
- とくに明確な目的がない
- 同僚たちが好き
- スキルが身についてきた

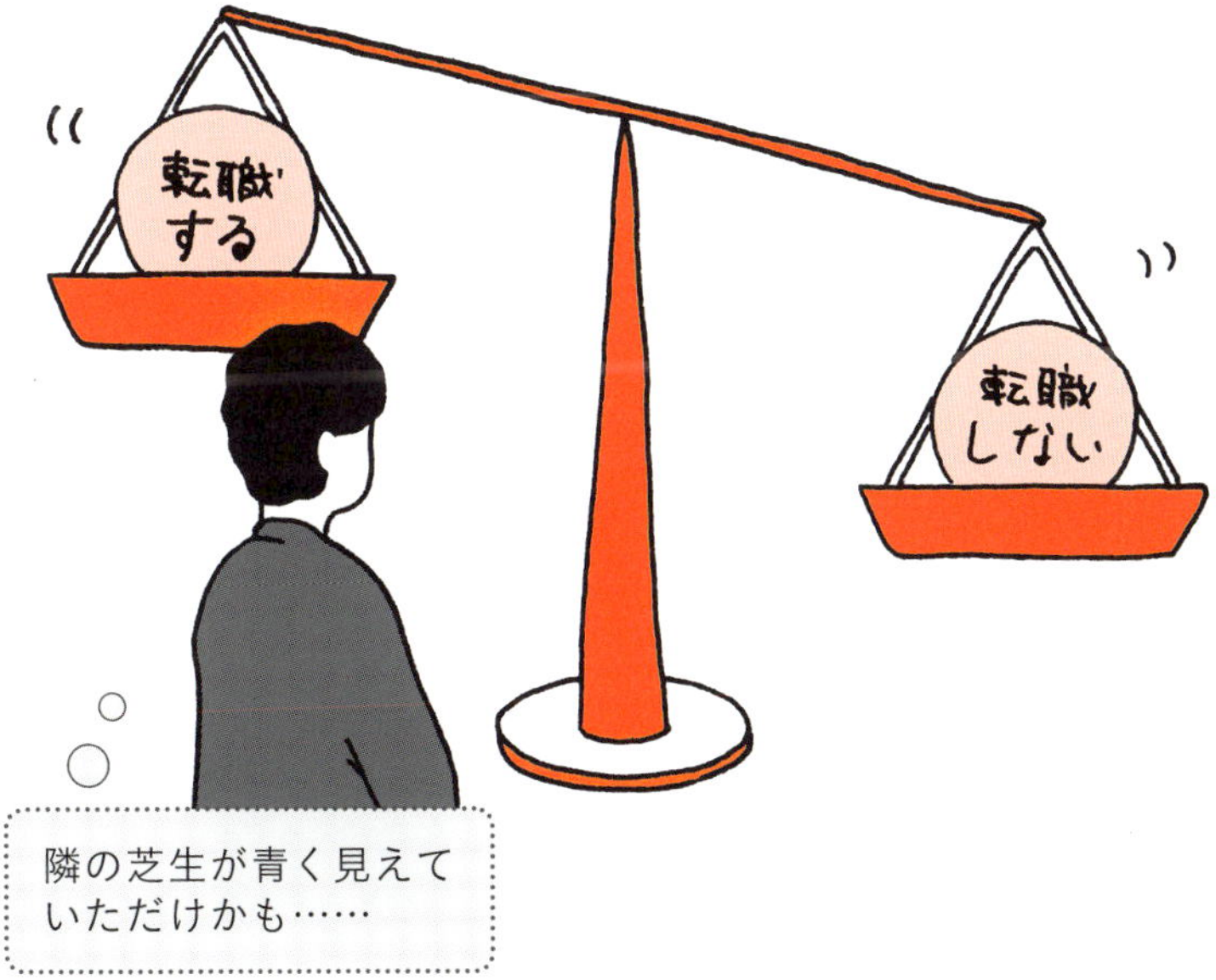

転職活動をした結果、

「転職しない」のも立派な決断!

転職の目的を明確にする方法❶

いちばんの不満を明確にする

▼〝いちばん〟と向き合う

転職で自分に合った働き方を手に入れるためには、「解決したい問題」を「解決できる企業」に転職する必要があります。そのためには、まず解決したい問題を明確にしなくてはいけません。今の仕事の問題は「給与」なのか、それとも「勤務時間」や「仕事内容」、「人間関係」なのか、考えを整理しましょう。

そして、可能なら**「いちばん解決したい問題」を明確にしましょう。**どれも中途半端に望んで企業を選んだり入社の決断をしたりすると、結局どの問題も解決しないということもあります。「絶対にこの問題を解決する」という強い意志をもって臨みましょう。

▼〝話しづらいこと〟に本音が隠れている

解決したい問題を明確にするには、まず**現状の不満を思いつく限り書き出します。**「これはわがままかな?」などと判断せずに、ありのままの本音を書き出しましょう。

書き出した不満のなかには、原因が似ているものがあるはずです。それら原因が近いもの同士はまとめていきます。

そしていくつかのグループに絞り込めたら、優先順位をつけます。ここでいちばんになった原因こそ、あなたが転職で解決すべき問題です。

面接では、できるだけこの優先順位がブレないよう、一貫性のある回答をしましょう。

面接官のホンネ

この言葉はガッカリします❶ ▸▸「ワークライフバランスが大事です」

最近増えた言葉ですが、理由もなくこれを言われると「なんだ、定時で帰りたいだけか」と感じてしまいます。同じような流行り言葉に「クオリティオブライフ(QOL)」もありますね。流行り言葉の受け売りはやめましょう。

❶ いちばんの不満を明確にする

思いつく限りの不満を書き出してみる

↓

原因が似ているものをまとめる

↓

残った不満に順位をつける

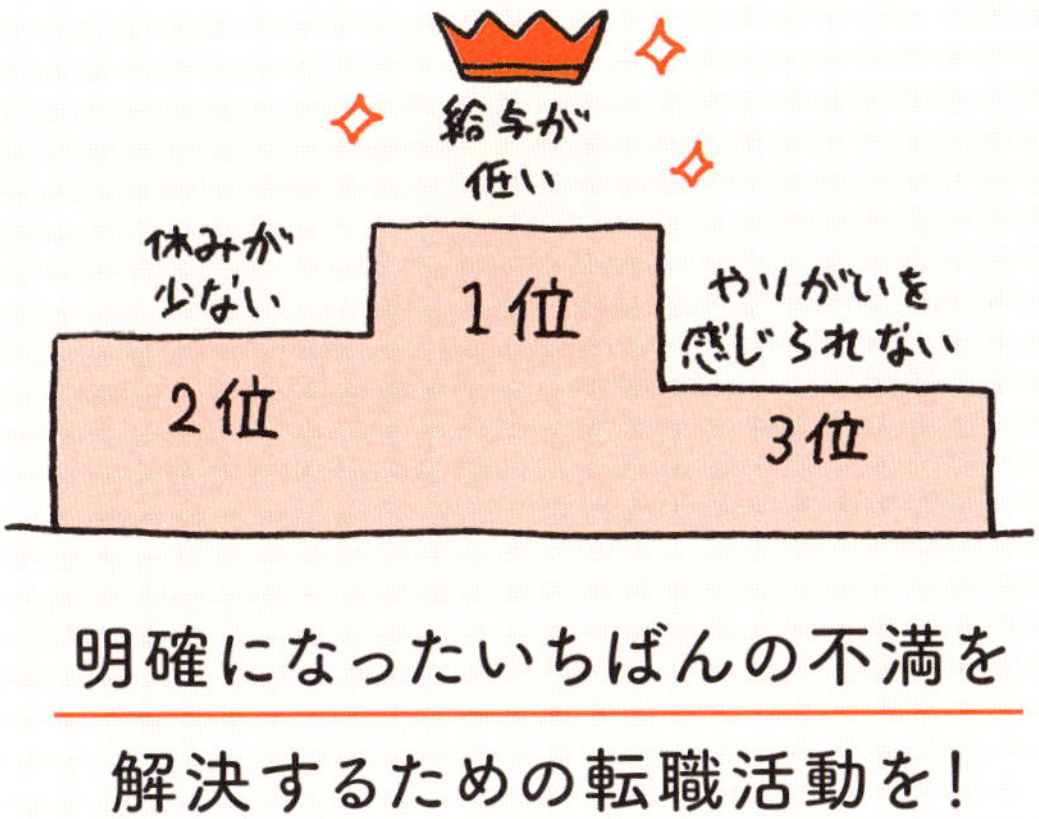

明確になったいちばんの不満を
解決するための転職活動を！

問題解決のための努力をする

▼"不満があったらすぐ転職"はダメ

いちばんの不満が明確になったからといって、すぐに転職活動をはじめるのは考えものです。「不満があるから辞める」ということをくり返せば、逃げ癖がついてしまいます。

それに、**解決のための努力の痕跡が見えなければ、面接で「この人は困難があったら逃げる人だ」とみなされてしまいます。**

▼今の会社で解決できないか考える

したがって、**まずは今の会社での問題解決を試みてください。**先ほども言いましたが、転職はしないに越したことはないのです。もっと給与がほしいなら上司に相談する、やりたい分野があるなら人事に直談判するといった努力をするのです。それで不満が解決したら、これ以上のことはありません。

そして、そういった**努力をしたにもかかわらず不満が解決できなかったときに初めて、転職という手段を検討します。**

転職相談や面接で話を聞いていても、「それくらいの不満なら今の会社で解決できるのでは？」と思う人は少なくありません。

こうした転職前の努力は、結果が重要なわけではありません。「不満の原因を突き止め、解決の手段を考え実行したがうまくいかず、転職を決意した」と、面接でこのように論理的な説明をするためにも、必要なプロセスなのです。

面接官のホンネ

この言葉はガッカリします② ▸▸「キャリアアップしたいです」

"キャリア"ってなんだ？　"アップ"ってどういうこと？　出世したいのなら、今の会社でもできますよね。100人いれば100通りの人生があるのだから、キャリアアップという抽象的な言葉でくくられてもわかりません。

❷ 不満解決の努力をする

不満	解決努力	結果
第1位 給与が低い	人事部に相談 資格手当の獲得 など	× NOT CLEAR
第2位 休みが少ない	出勤時間の見直し 仕事の効率アップ など	× NOT CLEAR
第3位 やりがいを感じられない	異動願いの提出 尊敬できる先輩に相談 など	○ CLEAR！
⋮	⋮	⋮

努力の内容は
面接で伝えよう！

こうした努力をしても
解決できなかったら、転職を考える

転職の目的を明確にする方法③

会社に求めるものを考える

▼未来も見据えた転職計画を立てる

長い人生、会社との関係性は変化してもよいでしょう。転職は人生における大きなターニングポイント。自分の価値観や今後のライフプランを見直すよいタイミングです。

たとえ忙しくても、高い給与やスキルの獲得を求めるのか、給与はほどほどでもいいから、やりがいや家族との時間を求めるのかなど、**〝会社になにを求めるのか〟**を考えて、**転職先の企業を選ぶことが大切です。**

これは、未来を見据えた転職をするためだけではなく、面接で自分の価値観を一貫性をもって伝えるためにも、しっかり考えておきたいことです。

▼ときには〝健全なるハードワーク〟を

本書の冒頭でも述べましたが、日本が安定的な成長を続けていた時代ならば、所属する企業が示す道を歩み、自社内で出世することで成功がつかめました。しかし、経済の変化が加速し、安定した企業が消えつつある現代では、大企業でぬくぬく働きたいという考えは通用しません。

とくに20〜30代のうちは、ひたすら働き、自分のスキルを高める経験も必要です。これは長時間労働などの、いわゆる〝ブラック〟な働き方を推奨するわけではありません。鍛えられる環境で、自分の成長につながる〝健全なるハードワーク〟をしましょう。

面接官のホンネ

この言葉はガッカリします③ ▸▸「コミュニケーション能力あります」

社内や社外との連絡で、日々コミュニケーション能力を磨いている人事にとってはやや鼻につく言葉です。コミュニケーション能力は自称ではなく、今、ここで行っている面接で実証していただきたいものです。

❸ 将来の「働き方計画」をつくる

25歳男性の場合

20代前半　スキル獲得のため一生懸命働く

20代後半　自分のスキルをより発揮できる仕事をする

30代前半　結婚・子育てのために貯蓄する

30代後半　子育てにかかわるためプライベートの時間とのバランスも考える

40代　徐々に仕事量を戻していく

50代　ソーシャルワークするために大学院に通う

60代　早期退職し、ソーシャルワーカーとして途上国の発展に貢献する

計画は途中で変えてOK!

今やるべきことや、会社に求めるものが見えてくる!

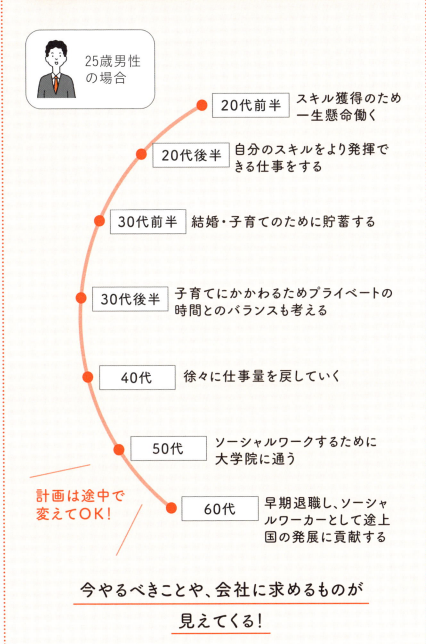

転職の目的を明確にする方法④

欲望の根源を考える

▼「欲」があるのはとてもよいこと

みなさんは、〝生きがい〟はありますか？「とにかく仕事が楽しくてしかたがない」という人もいれば、「海外旅行が生きがい」という人もいるでしょう。

生きがいは〝欲〟とも言い換えられますが、〝欲〟があるのはとても大切なことです。なぜなら、それは〝エネルギー〟となるからです。「社会貢献がしたい」「お金がほしい」「有名になりたい」「異性にモテたい」。これらはすべて立派なエネルギーです。

そういった数ある欲について、自分のなかで優先順位をつけることは、転職活動においては必要です。「こうでなければいけない」と思い込まずに、**自分の気持ちに正直になって、「自分は何のためなら頑張れるのか」を考えましょう。**そうすることで、「人生の目的＝転職の目的」が見えてきます。

▼欲望のむき出しは若者の特権！

とくに20〜30代前半は、エネルギーの源泉である欲望の実現を追求してよいときです。なぜなら、若いうちなら失敗しても取り返せますし、欲望を大切にして動くのは心にとっても健全であるからです。

反対に、そういった**欲をむき出しにして煙たがられる職場だとしたら、そこはあなたにとって最適な会社ではないということかもしれません。**

面接官のホンネ

この言葉はガッカリします④ ▸▸「日本に貢献したいです」

その精神は買いますが、大言壮語だと思われるおそれがあるので、やめたほうがいいと思います。「世界平和のために」というセリフも同じで、細かいものごとを考える力がない人と思われてしまうかもしれませんね。

④ 何のためなら頑張れるか考える

↓

欲望を満たせる仕事なら頑張れる！

自分の欲望を満たせる仕事なら
転職しても後悔しない！

失ったら困るものを明確にする

▼失って初めて気づくありがたみ

転職で得られるものがあれば、当然失うものもあります。「隣の芝生は青く見える」ともいいますが、**転職して初めて前の職場のありがたさに気づき、後悔する人も少なくありません。**

たとえば、「転職で給与は上がったが社宅がなくなり、家賃を払うと結果的に手取り給与は前職よりも少なくなった」という人もいます。ほかにも、「土日に休める」「社外で仕事ができる」「フレックスタイムで働ける」など、意外と見落としている会社の恩恵があるものです。

今まで当たり前と思っていたことこそ、気づきにくく、転職で失って初めて困るものです。転職への期待感により冷静さを失い、現状が見えなくなってしまうのです。

▼ささいな恩恵にも目を向ける

転職を考えている人は、今の会社への不満が胸の内を満たしているかもしれません。

しかし不満を明確にするとともに、**「満足していること」を明確にするのも大切な作業です。**現状で満足していることをリストアップし、失いたくないものと失ってもよいものを明確にしておけば、会社を選ぶ際の判断基準となります。

失いたくないものについては、面接のときにしっかり確認しておきましょう。

面接官のホンネ

この言葉はガッカリします⑤ ▸▸「今の会社はブラック企業です」

なにをもってブラックなのでしょうか？　法律に照らし合わせたり、業界水準と比べたりした結果ブラックと言っているのであれば話は別ですが、自分の感覚だけで話しているのなら、ガッカリです。

❺ 失ったら困るものを明確にする

今の会社のいいところを探す

- 通勤時間が短い
- 住宅ローンの補助がある
- 土日は完全に休める
- ＰＣ持ち出し可能　など

当たり前の
ものにも
気づけるように！

仕分ける

失ってもいいもの

- 通勤時間が短い
→読書すればＯＫだから
- 居心地のよい環境
→このままでは甘えてしまうから
- 土日は完全に休める
→休日はごろごろするだけだから

失ったら困るもの

- 住宅ローンの補助
→契約解除の可能性があるから
- フレックスタイム
→朝に弱い夜型人間だから
- ＰＣの持ち出し可能
→カフェがいちばん集中できるから

判断基準が明確だと冷静に判断できる

面接直前チェック！

第2章のまとめ

▼なんとなくの転職は後悔する

目的が不明確なまま転職しても、
「なんで転職したんだっけ？」「この会社も違うかも」と、
転職したことを後悔してしまいます。
「この不満を解決するために転職する」と目的を明確にすることで、
面接でも一貫性のある回答ができ、転職の後悔も防げます。

▼転職目的を明確にするには5つの方法がある

❶ いちばんの不満を明確にする

転職で多くのことを求めると、話に矛盾が生じます。現状の不満を洗い出し、そのなかで最も解決したいことはなにかを考え、優先順位をつけましょう。

❷ 問題解決のための努力をする

現状の不満に対して、まずは今の会社で解決する努力をしましょう。そうすることで「すぐ逃げる人」という印象をもたれるのを防ぎ、退職理由の説得力も増します。

❸ 会社に求めるものを考える

「お金」や「時間」「やりがい」など、会社に求めるものは年齢によっても変化します。今後の人生で会社になにを求めるのかを考えると、転職の目的が見えてきます。

❹ 欲望の根源を考える

つらい仕事であっても、その結果自分の欲望が満たせるのであれば人は頑張れます。「お金」や「名声」など、どの欲望を満たしたいかという観点で目的を考えるのも手です。

❺ 失ったら困るものを明確にする

転職では、得るものもあれば当然失うものもあります。希望だけではなく、その代わりに失ってもよいものも明確であると、矛盾を防ぎ目的意識をより強く伝えられます。

第3章

ステップ2
質問の意図を把握する

面接でやることはたったひとつ、聞かれたことに対して的確に答えるのみ

くり返しますが、転職面接は〝試験〟ではなく〝コミュニケーション〟の場です。それにもかかわらず、面接で自分が言いたいことだけを一方的に話す人は多くいます。

たとえば、「職務経歴」を聞かれただけなのに、事実や実績だけでなく仕事のエピソードや退職理由まで長々と話してしまう人。ここで面接官が知りたいのは「職務経歴」だけです。「たくさん話せて自分をアピールできた」と自分は満足していても、面接官の記憶には残っていません。

転職面接では、コミュニケーションができない人と思われたら不採用です。そしてコミュニケーション能力が高い人とは、相手の質問の意味をきちんと理解し、聞かれたことに的確に答えられる人を指します。漫才師のように話術に優れているという意味でも、誰とでもすぐに打ち解けられるという意味でもないのです。

「コミュニケーション能力」ってなに？

▼コミュニケーション能力がない人

職務経歴は？

2009年に、ご存じないかと存じますが、A社というメーカーに入社させていただきまして、そこで営業という業務を担当させていただいておりました。

丁寧すぎ！

自分語り！

2009年にA社に入社し、そこで5年間新規開拓の営業を担当しました。2012年には目標を達成しましたが、その要因はチーム内のコミュニケーションの円滑化を図ったことにあり～～

2009年にA社に入社し、XMP216にパムクラッシュをのせてバッチ処理による検証を～～

専門用語！

▼コミュニケーション能力がある人

職務経歴は？

2009年にA社に入社後、新規開拓の営業を5年間担当し、2012年には目標達成をしました。
その後経理部に異動し、現在に至ります。

簡潔に答える！

相手が知りたいことを理解し、的確に答えることが重要！

面接の質問にはそれぞれ伝えるべきことがある

転職面接では、大きくは左ページのような流れで質問をされます。聞き方は異なる場合もありますが、「経歴紹介」「退職理由」「志望理由」「質疑応答」の4つが基本です。質問にはそれぞれ意図があり、意図からそれた話をしても〝余計な話〟ととられ、面接官をイライラさせるだけです。質問の意図に合った返答をしましょう。

応募者が面接でよくやりがちなのが、「質問してもらえなかったらどうしよう」と不安に思い、随所に自分のアピールを混ぜ込んでしまうことです。しかし、面接官があなたの実績を聞いて判断しようと考えているなら、かならず過去の実績について聞いてきます。聞かれなかったとしたら、それは「判断するうえで必要としていない」ということ。こちらからアピールする必要はありません。多くの面接官と仕事をしてきましたが、応募者が勝手に話した自己アピールで評価が上がったという例は、聞いたことがありません。

転職面接の流れとポイント

①経歴について

- これまでの経歴を教えてください
- ○○の話を詳しく教えていただけますか？

・経歴とアピールしたい実績を簡潔に話す
・詳しい話は聞かれてから話す

自己アピールは聞かれてから話す！

②退職理由について

- なぜ転職しようと考えたのですか？

・本音を隠さず不満を正直に伝える
・志望理由と混同しないように

ネガティブな理由でもOK！

③志望理由について

- なぜ当社を志望したのですか？
- 当社で貢献できることは何ですか？
- 将来はどうなりたいと考えていますか？

・知識＋熱意で真剣度を伝える
・退職理由との一貫性に注意

愛の告白のつもりで！

④質疑応答

- なにか質問はありますか？

・興味がないことは聞かない
・調べればわかることは聞かない

知りたいことは聞いてOK！

内容だけでなく、それを伝えるタイミングが重要！

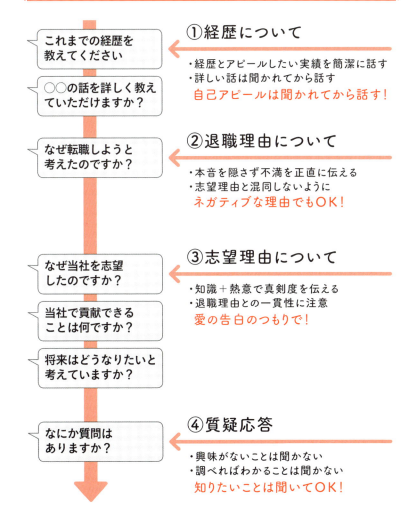

質問の意図と答え方❶

「職務経歴」の答え方

▼ただ述べればいいわけではない

面接官は事前に職務経歴書を読んでいます。それなのに、なぜあらためて経歴を聞くのでしょうか？　それにはふたつの意図があります。

ひとつは、答えやすい質問であなたの緊張をときほぐすという意図です。面接はコミュニケーションの場です。**面接官も、あなたにリラックスして本音で話してもらいたいと考えているのです。**

▼職務経歴は面接の〝目次〟

もうひとつは、このあとの面接の流れを組み立てたいという意図です。職務経歴は本でいう〝目次〟です。**面接官はあなたの職務経歴を聞いて、この面接で深く掘り下げるべきポイントを探っているのです。**

ですから、ここでは聞いてもらいたいポイント、つまり**あなたが伝えたいポイントを強調するとよいでしょう。**職務経歴を紹介しつつ、そのときの実績や成果を、数字や表彰経験などを用いて端的に述べます。

ただし、ここで「なぜ成果が出せたのか」という背景やエピソードまで説明してしまうと、話が長くなり面接官をいら立たせます。

職務経歴は2分30秒ほどで述べるのがベストです。ここはあくまで、面接官が「このあと詳しく聞いてみたい」と思うような〝見出し〟を伝えるだけにとどめましょう。

面接官のホンネ

これだけはお願いしたい❶ ▸▸笑顔を忘れずに

みなさんが思っているよりも、笑顔は大事です。緊張は顔に出ますが、たとえ緊張していても笑顔をつくる意識を。もし緊張で顔がひきつってしまうのなら、「緊張しています」と正直に打ち明けてくれてもいいですよ。

聞かれているのは「面接の流れ」

▼余計なことを話しても聞いてはもらえない

2009年にA社に入社し、営業をしていました。
このときの同期は20人いましたが、1年で半分が辞めてしまいました。
というのも、ノルマに対する会社からのプレッシャーが強かったからです。
そんななか、私は3年目で部長賞をもらい〜〜

そんなことまで聞いてないんだけど……

▼面接官の興味をひく「見出し」を入れると◎

2009年にA社に入社し、営業として5年間、総務として3年間働きました。
営業3年目には目標を❶120%達成し、❷部長賞をもらいました。
総務では経理を担当し、作業の効率化に努めています。

❶ 数字などを使ってわかりやすく

❷ 興味をひく実績を端的に盛り込む

❸ 2分30秒を目安に簡潔に話す！

面接官に「なにを聞いてほしいか」が伝わる

質問の意図と答え方❷

「退職理由」の答え方

▼価値観や判断基準を伝える

ここで聞かれているのは、あなたの〝価値観〟です。あなたは**「なにに対してどう感じ、行動する人間なのか」を把握したいのです。**それをふまえて、自社の社風に合う人材かどうかを判断しています。

▼本音を隠すのは非常に危険

この質問でいちばん重要なのは、〝とりつくろった回答をしない〟ということ。本音を隠して転職するのは本当に危険なことです。前の会社で抱えていた問題が解決できないだけでなく、転職することで問題がさらに大きくなってしまうこともあります。

退職理由の多くは、人間関係か給与に対する不満です。面接官の評価を恐れてか、それらのネガティブな理由は胸の内に秘められがちですが、退職理由がすべてポジティブなものであるはずがありません。**たとえネガティブと思われる理由でも、転職でその不満を解決したいと考えているのなら、正直に伝えましょう。**

また、もうひとつ気をつけたいのが〝志望理由と混同しない〟ということ。たとえば、やりたい仕事ができなくて転職する場合。退職理由として伝えるべきは「その仕事が今の職場ではできない理由」です。**「その仕事をしたい理由」は志望理由であり、ここで話しても面接官の頭にはなかなか残りません。**

面接官のホンネ

これだけはお願いしたい❷ ▸▸会話の癖に気をつけて

「なんていうか」「ええっと」「そうですね」「やっぱり」など、話しはじめに癖がある方は多いですね。一度そこが気になると、だんだん耳障りになってきてしまうので、自覚して直してほしいものです。

聞かれているのは「あなたの価値観」

▼とりつくろった回答は後悔のはじまり

(本当は残業が多いのが不満だけど……)
今の仕事には慣れてしまい、このままでは
成長できないと思い転職を決意しました。

応募者

面接官

働く気まんまんだ！
彼なら激務にも耐えられそうだ。

▼ネガティブな理由でも正直に話す

❶率直に言うと給与額に不満がありました。
現在の年収は額面で300万円ですが、これを
上げたいと思い転職を決意しました。
というのも、❷今の給与は勤務時間の長さや業
界平均、同世代平均と比較しても低く、❸この
ままでは子供をつくり家庭を築くのは難しい
と判断したからです。

応募者

❶ 言いづらいことも正直に話す

❷ 根拠を明確に示す

❸ 「御社の仕事に魅力を感じて～」など、志望理由と混同しないように

不満を理解してもらったうえで転職できる

質問の意図と答え方❸

「志望理由」の答え方

▼ここに真剣度が如実にあらわれる

志望理由を問う質問で面接官が聞き出そうとしているのは〝応募者の真剣度〟です。今の仕事との接点などをアピールする模範回答はたしかに論理的ではありますが、それだけでは面接官の心には響きません。

それに、**社内の実情も知らないのに接点をアピールしたところで、それは想像でしかありません。**あなたのスキルを活かせるかどうかは、面接官が判断することです。

▼とことん好きになって熱意を伝える

面接では「どれくらい真剣に入社したいと思っているのか」が重要になります。〝愛の告白〟だと思って、熱意がこもった自分自身の言葉で伝えましょう。

そのためには、**まず応募先の企業を徹底的に調べましょう。**そこで少しでも「いいな」と思うところがあれば、その企業のことをまずは無理やりにでも好きになってみてください。

もしここで、好きになれるところがひとつも見つからなければ、あなたのためにもその企業には転職しないほうがよいでしょう。

そして、**面接ではその企業の「どこが好きなのか」「なぜ好きなのか」を、抽象的でもよいので熱意を込めて伝えましょう。**相手を知って、好きになり、告白する。まさに恋愛と同じですね。

面接官のホンネ

これだけはお願いしたい❸ ▸▸面接官の態度も見て

「視線を落とす」「腕時計をチラッと見る」「怪訝な表情をする」などでこちらのメッセージを伝えていることもあります。面接官の表情や態度にも気を配ってもらい、こちらの気持ちを察していただけると助かります。

聞かれているのは「あなたの熱意」

▼“好き”がないと“隙”が生まれる

御社に入りたいのは、今より待遇がよく、上場企業なので安定しているからです。
今までの営業のスキルも活かせると思いました。

応募者

面接官

うちより給料がいいところはたくさんあるし、スキルが本当に活かせる保証もない。
う〜ん、いまいち心に響かないなあ。

▼「適性」＋「熱意」を伝える

御社のホームページを見て企業理念に❶感銘を受けました。

もちろん❷今までのスキルを活かせるからということもありますが、それ以上に、ときに❸利益以上に顧客満足度を追求するという経営方針に大きな魅力を感じました。

応募者

❶ シンプルな言葉で熱意をストレートに伝える

❷ 活かせるスキルや経験があれば伝える

❸ 下調べをして、「どこに感銘を受けたの？」などと聞かれても答えられるように

その企業ならではの内容になり真剣さが伝わる

「貢献できること」の答え方

▼求めているのは利益をもたらす人

「あなたの魅力は何ですか?」「弊社でやりたいことは?」など様々な聞き方がありますが、このような質問の意図はただひとつ。「うちにきたらどれだけ売上や利益を出せるのか」を聞いているのです。

育てるという観点のある新卒採用とは異なり、中途採用では基本的に即戦力を求めています。そのため、**会社にどれだけ売上や利益をもたらせるかが採用基準になります。**

▼抽象的ではなく具体的に伝えること

ここが自己アピールのタイミングです。実績や経験を思う存分伝えましょう。

志望理由は抽象的でもよいと言いましたが、**ここでは〝具体性〟が重要になります。**たとえば、「関東エリアで営業活動をしてきたので、100人近くの人脈があります。商品は異なりますが、御社商品の営業にも活かせると思います」といった具合です。

これは、たとえ次の仕事に活かせる内容でなくてもかまいません。面接官のほうで、「ということは、○○という業務に向いているかも」と、適性を考えてくれるからです。

一方、「私はキャッチアップが速く、適応力もあるので、御社でもすぐに力を発揮できると思います」というような**抽象的な表現では、適性が判断できず、面接官の心も動きません。**

面接官のホンネ

これだけはお願いしたい④ ▸▸知ったかぶりはしないで

ひと通り会話が終わったあとで、「すみません、○○はどういう意味ですか?」と基本的な質問をされると、「話を合わせていただけなの?」とガッカリします。わからないことがあれば、その都度聞いてほしいものです。

聞かれているのは「具体的な能力」

▼抽象的なアピールではあなたの魅力は伝わらない

今までも提案型の営業をしてきたので、御社でも貢献できると思います。

応募者

面接官

扱う商品も変わるのに、なにを根拠に貢献できると言っているのだろうか？

▼具体的な数字や実績でイメージをわかせる

提案型の営業として、❶○○社の広告プロジェクトにかかわりました。

クライアントとともに❷ユーザーにインタビューを行い、ニーズの把握に努めた結果、❸目標の120％の広告効果を達成できました。

提案内容は変わりますが、この経験とノウハウは御社でも活かせると思います。

応募者

❶ 具体的な名称を出すと説得力アップ

❷ 応募先企業の業務に関係なさそうなことでも詳細に話す

❸ 成果は数字を用いて伝える

具体的だと面接官が適性を判断しやすくなる

質問の意図と答え方⑤

「入社後について」の答え方

▼あなたの想像力を見ている

面接の中盤では、「入社後はどんなことに挑戦したいですか？」「3年後はどのように働いていたいですか？」と、入社後のことを聞かれる場合があります。

これは難しい質問ですが、「入社してみないとわかりません」「与えられた仕事を全力でこなします」などと答えては、失格です。

ここで見られているのは、瞬発的な想像力と、それを言葉にする言語力の有無です。実現可能かどうかは関係ないのです。

ただし、回答が業務実態とあまりに異なると、想像力のない人間と判断されてしまいます。事前の情報収集は欠かさず行いましょう。

▼具体的すぎる回答も考えもの

考えることから逃げるのはNGですが、反対に、求められてもいないのにビジネスプランを用意し、披露するのもNGです。「私が御社に入ったら、〇〇という新企画を打ち出します」といった具合に、勝手に提案をはじめる人もいるのです。

これは絶対にやめましょう。面接官は何年もそのビジネスに携わってきた人たちです。社外の人間にはわからない情報や事情はいくらでもあります。**半端な提案をしても、反論を受けるか呆れられるのがオチです。**

事前に得られた情報の範囲内で、入社後の働き方をイメージしましょう。

面接官のホンネ

これだけはお願いしたい⑤ ▸▸面接官の話にかぶせないで

こちらが話している途中で、「それってこういうことですよね？ それについては〜」と話し出されると、とてもイラッとします。たとえ結論がわかっていても、人の話は最後まで聞くのがコミュニケーションの基本ですよね。

聞かれているのは「想像力」

▼批判やビジネスプランの提案はNG

御社の課題は若年層の取り込みだと思います。
入社後はアイドルを起用した広告戦略を企画し、
売上30%アップを実現したいです。

応募者

面接官

かんたんに言うけど、それコスト
いくらかかるの？
うちの商品のターゲットじゃない
し、競合他社もいるよね？
うちの仕事のこと、本当にわかっ
てるのかなあ……

▼事前に得た情報の範囲で具体的に話す

❶まずは顧客との距離が近い現場で経験をしっかり積み、2、3年後にはリーダーへの昇格を目指したいです。
いずれは❷英語のスキルを活かして、❸御社が今後注力していく予定の海外事業に携われたらと思っています。

応募者

❶ まずは志望部署での働き方にふれる

❷ 自分のスキルとも関連させる

❸ 事前の情報収集をしっかり行う

事前の情報収集で熱意と想像力が伝わる

「質問はありますか？」の答え方

質問の意図と答え方❻

▼聞きたいことがないのは危険サイン

面接では最後に「質問はありますか？」と聞かれるのが一般的ですが、これを甘く見てはいけません。

ここでなにも質問をしないと、「本当にうちの会社に興味があるのかな？」と不安を抱かせてしまいます。

そもそも本当に入りたいと思っている企業なら、関心は高まり、入社後のイメージが膨らみ、しぜんと質問は出てくるはずです。

事前に質問を考えておく必要はありますが、もし本当に聞きたいことがなにも浮かばないのなら、その企業はあなたに合っているとはいえないのかもしれません。

▼面接では基本的になにを聞いてもよい

面接でNGな質問はふたつ。調べればわかることと、たいして知りたくもないことです。これ以外であればなにを聞いてもかまいません。面接は、あなたが企業を審査する場でもあります。**給与や残業のことなどは聞きづらいとは思いますが、それが〝転職で失いたくないもの〟や〝手に入れたいもの〟であるなら、かならず質問して確認しておきましょう。**

とはいえ、一次面接から突っ込んだ質問をするのも考えもの。「ちょっと聞きづらい」という質問は、選考の後半で面接の場があたたまってから確認するとよいでしょう。

面接官のホンネ

これだけはお願いしたい❻ ▸▸返事は“プラスアルファ”で返して

たまになにを聞いても「はい」とか「いいえ」でしか答えてくれない人がいます。こちらと会話をする気がないのかなと心配になりますし、逆にこちらが焦ってしまいます。会話のキャッチボールを意識してほしいものです。

聞かれているのは「あなたの興味」

▼質問内容ですべてを台無しにするおそれがある

御社の企業理念は何ですか？

ホームページに書いてあるよね？

社内での飲み会はよくありますか？

それ本当に知りたいの？

▼知りたいことならどんな質問もOK！

女性社員が6割とホームページにありましたが、❶育児休暇の取得率はどれくらいでしょうか？

❷会社四季報には平均年収800万円とありました。とても魅力的なのですが、❸中途入社でも可能でしょうか？

❶ 気になることはしっかり聞く

❷ 情報収集していることも伝えると印象アップ

❸ 転職の目的が果たせるかどうか確認を

目的に合った企業かどうかを審査するつもりで

面接直前チェック!

第3章のまとめ

▼面接では聞かれたことに的確に答える

面接は“試験”ではなく“コミュニケーション”の場です。
質問内容を無視して一方的に自己アピールをしても、
満足するのはあなただけで、面接官にはなにも響きません。
面接では聞かれたことに的確に答え、
そのなかに自分のアピールを盛り込んでいきましょう。

▼質問には意図と答え方がある

❶ 「職務経歴」では面接の流れを伝える

経歴を簡潔に紹介しつつ、アピールしたいポイントを数字や実績を用いて強調します。面接官が「詳しく聞いてみたい」と思うように工夫し、2分30秒ほどで話します。

❷ 「退職理由」では価値観を伝える

ここでは、「あなたはどんな人なのか」「自社に合う人材なのか」が見られています。たとえネガティブな理由でも正直に伝えなければ、面接官は判断ができません。

❸ 「志望理由」では熱意を伝える

適性は面接官が判断することなので、無理に自分から接点をアピールする必要はありません。その企業を選んだ理由や好きになった理由を、熱意をもって伝えましょう。

❹ 「貢献できること」では具体的なPRを

ここでは「どれだけ利益を出せるのか」を見られています。誰でも言えるような抽象的な話ではなく、数字や実例を多く用いて具体的なアピールをしましょう。

❺ 「入社後について」では想像力を伝える

ここでは瞬間的な想像力が試されています。「わからない」と回答を避けたり、思い込みで事業を提案したりはNG。事前に得た情報から具体的な働き方を想像しましょう。

❻ 「質問」では本当に知りたいことを聞く

「調べればわかること」と「それほど興味がないこと」以外であれば、なにを聞いても基本はOK。とくに、自分の希望に関することについてはしっかり確認しておきましょう。

第4章

ステップ3

納得してもらえる伝え方を知る

伝え方に気をつければあなたの本音を理解してもらえる

転職で希望を叶えるためには、面接で本音を話す必要があります。自分の想いや希望を伝え、それを理解して受け入れてくれた企業に転職することこそが、転職の本来の姿です。しかし、自分の希望を伝えても、それを「わがままだ」「自分勝手だ」「嘘っぽい」ととられたら、採用には至らないでしょう。

そのため、面接では「伝え方」がとても重要になります。これは「ごまかす」「誇張する」などの小手先のテクニックではありません。必要なのは面接官に「納得してもらえる」伝え方です。

転職を決意した人にはそれぞれ自分なりの理由や目的があるはず。その想いは、どう伝えたら面接官に理解してもらえるのか。本章では、あなたの話が面接官に納得してもらえるようになるための、伝え方をアドバイスします。

伝え方で話の印象は変わる

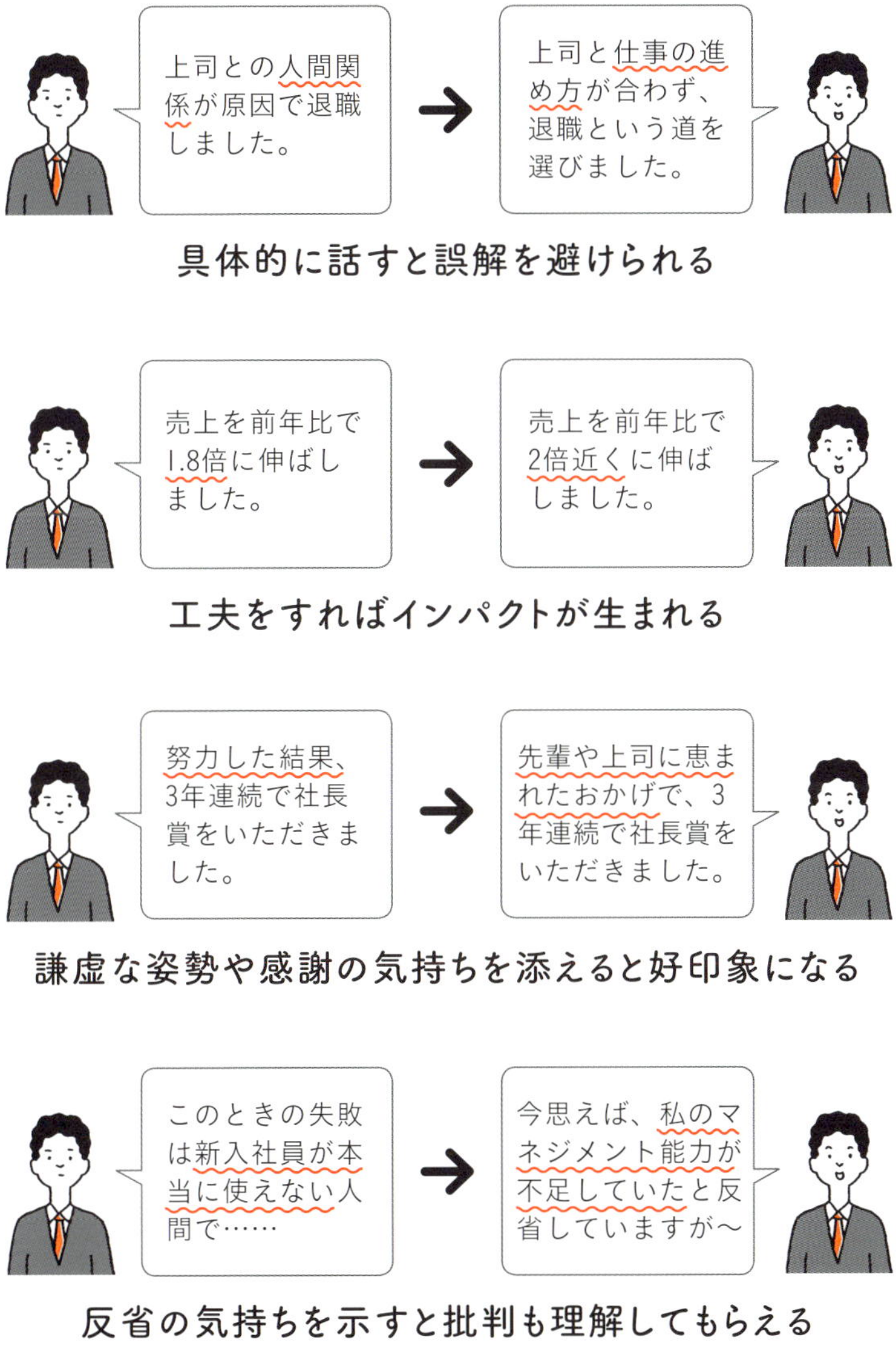
上司との人間関係が原因で退職しました。
上司と仕事の進め方が合わず、退職という道を選びました。
具体的に話すと誤解を避けられる
売上を前年比で1.8倍に伸ばしました。
売上を前年比で2倍近くに伸ばしました。
工夫をすればインパクトが生まれる
努力した結果、3年連続で社長賞をいただきました。
先輩や上司に恵まれたおかげで、3年連続で社長賞をいただきました。
謙虚な姿勢や感謝の気持ちを添えると好印象になる
このときの失敗は新入社員が本当に使えない人間で……
今思えば、私のマネジメント能力が不足していたと反省していますが～
反省の気持ちを示すと批判も理解してもらえる

納得してもらえる伝え方❶

理由は自責で話す

▼人のせいにする人間は採用されない

これはとくに退職理由を話すときに重要となります。退職理由が「上司と価値観が合わなかった」「活躍できる仕事ではなかった」など、一見どうしようもないと思えるものである場合でも、100%他人や環境の責任にして話すのはいけません。

なぜなら企業は、自分の責任ではないことも自分事としてとらえられる人や、自己を省みることができる人を求めているからです。

退職理由が上司や会社の批判ばかりでは、「人のせいにしてばかりの人間」という烙印を押され、不採用の決定打になります。

▼反省の意思を伝えることが大事

たとえ他人や環境が原因で退職する場合であっても、かならず最後に反省の言葉も添えてください。

なぜなら、大事なのは本当にあなたに責任があったかどうかではなく、**「あなたに自責の意識があるかどうか」だからです。**

そもそも、経営者はみな自責の意識をもっています。したがって、他責を感じさせる退職理由や言葉にはとても敏感なのです。

自責で話すと評価が下がると恐れる人もいますが、心配いりません。事実を正直に伝えれば、面接官（経営者）は適切に判断してくれるでしょう。

面接官のホンネ

面接官がうなるワード❶ ▸▸「ひとことで言うと」

考えがまとまっていないのか、ダラダラと話し続けてしまう人がいますが、これは本当にもったいないと思います。最初に概要を教えてくれると、こちらも「何の話なのか」を理解したうえで聞けるので助かります。

❶ 他責ではなく自責で話す

▼人のせいにしてばかりいると印象が悪い

面接官

なぜ退職するのですか？

応募者

上司がコテコテの体育会系の人で、気が合わなかったからです。
必要とは思えない資料づくりを毎日やらされるなど、生産性のない残業の日々に嫌気がさしました。

本当に上司だけの責任？
もしかしたら本当は必要な資料だったんじゃないの？

▼100％他人のせいでも反省の意思を伝える

面接官

なぜ退職するのですか？

応募者

上司がコテコテの体育会系の人で、気が合わなかったからです。
今思えば、私がもっと上手く意見を言えばよかったのかもしれませんが、必要とは思えない資料づくりを毎日やらされて疲れ果ててしまったんです。

きちんと反省もしているようだし、きっと本当にその上司のやり方に問題があったのだろう。

たとえ誰かのせいだとしても自責で物事を考え、行動できる人間かどうかが見られている！

納得してもらえる伝え方❷

真に本当のことだけを話す

▼〝いちばん〟以外は本当の理由ではない

たとえば退職理由を聞かれたとき。本当は人間関係が原因なのに、ネガティブな理由を避け、当たり障りのない2、3番目の理由をあたかもいちばんの理由のように話す。こういったことはよくあります。

もちろん3番目の理由も、嘘ではないのでしょう。しかしそれは転職の引き金ではなく、ただの原因のひとつにすぎません。

「いちばんの理由」以外を伝えても説得力はなく、面接官の心には響かず、納得してはもらえません。「そんなことで辞めてしまうのか」「ほかにも理由があるのでは」と思われてしまうでしょう。

▼〝面接流行り言葉〟にも要注意

本当はもっと複雑で細かい事情があるのに、「キャリアアップ」や「ワークライフバランス」といった、もっともらしく聞こえる言葉でごまかしてしまう人もよくいます。

このような「面接流行り言葉」に逃げるというのも、気づかずにやってしまいがちな失敗です。これも本当のことを言っているとはいえず、本音は伝わりません。

また、150%を約2倍と表現したり、逆に割り引いたりする人もいますが、「話を誇張しない」ことも重要です。少し大げさに話す程度なら許容範囲ですが、話していて違和感を覚えるような誇張は避けましょう。

面接官のホンネ

面接官がうなるワード❷ ▸▸「結論としては」

「結論から話す」はビジネスの基本ですが、話の内容が右往左往して「で、なにが言いたいの？」と感じる人は少なくありません。最初に結論を簡潔に話していただけると、話の着地点が見えなくなるのを防げるので助かりますね。

❷ いちばんの理由を話す

▼いちばん以外の理由では説得力がない

面接官

なぜ転職するのですか？

応募者

（営業が向いていないと思ったのが最大の理由だけど……）学生時代からクリエイティブな仕事に就きたいと思っていたからです。

ハードな営業の仕事から逃げたいだけのような気がするけど……

▼2番目、3番目の理由は補足として使う

面接官

なぜ転職するのですか？

応募者

営業を5年間経験し、正直に言うと自分には合っていないと感じたからです。
そのなかで、本当に打ち込める仕事とはなにかを問い直したところ、学生の頃から私はものをつくるのが大好きだったことを思い出しました。

きちんと自己分析していそうだ。
5年間頑張れたのなら持続力もあるだろう。

2番目、3番目の理由を話すのもいいけれど、
いちばんの理由にふれないと本音は伝わらない！

納得してもらえる伝え方③

希望には理由と根拠をつける

▼根拠なき希望は反感を買うだけ

「給与アップを望みます」「マネージャーになりたい」など、希望を伝えることは悪いことではありません。

しっかりした理由や根拠があれば、むしろ働く意欲があると感じられ、あなたの評価はグッと上がります。

しかし、「大学時代の同期がそれくらいの給与をもらっているから」といった、根拠や目的意識のない希望ではいけません。

希望を叶えてもらうに値する正当な理由と根拠がないと、軽い気持ちで言っていると思われ納得してもらえません。

▼第三者に率直な意見を求める

納得してもらえる正当な理由と根拠を見つけるには、それぞれ方法があります。

理由については、**自分に「なぜそうしたいのか？」とくり返して問うこと。**自問自答により掘り下げていくことで、考えが深まります。もし途中で行き詰まったら、その希望はそれほど強く望んでいないということです。

根拠については、資格のあるキャリアコンサルタントや、大学や会社の先輩などの**第三者に相談すること。**自分の希望と根拠に対する率直な意見を聞くことで、それが他人から見て正当な希望かどうかがわかります。

面接官がうなるワード③ ▸▸「少し考えさせてください」

拙速という言葉があるように、質問に早く答えればいいというわけではありません。不意の質問で考えがまとまらないときは、とりあえず話し出すのではなく、間が空いてもいいのでちゃんと考えてから話していただきたいです。

❸ 理由と根拠を意識して話す

▼理由や根拠がない希望は受け入れてもらえない

面接官

給与に関する希望はありますか？

応募者

大学時代の同級生たちが、今はみんな600万円以上もらっているそうなので、できれば私も同程度の給与がもらえたらと思っています。

たしかに募集要項に「年収600万円も可能」とは書いたけど、それに見合う能力があるのかな？

▼理由と根拠を添えて希望を伝える

面接官

給与に関する希望はありますか？

応募者

600万円以上を希望します。
御社でなら予算の上限や販路も増える分、今まで以上に自分のスキルを発揮できると考えています。
２年後くらいには子供もほしいと考えているので、その給与に見合うようバリバリ働きたいと思います。

なるほど、それで給与を上げたいのか。
たしかに、それに見合う活躍も期待できそうだ。

「～がほしい」「～したくない」という希望には、
きちんとした理由と根拠の用意を！

納得してもらえる伝え方❹

エピソードは聞かれてから話す

▼エピソードの評価はタイミングしだい

成功体験などの具体的なエピソードは、話の説得力を高め、相手の心を動かすためにも欠かせない要素です。

しかし、エピソードを話すタイミングには注意が必要です。**自分勝手なタイミングで話しても、聞き流されるばかりか、「自分語りばかりで周りが見えない人」と思われるおそれすらあります。**

聞かれたことに答えるのが、面接のルール。面接官は、興味をもったらかならず「もう少し詳しく教えていただけませんか？」と聞いてきます。エピソードを語るのはそのときまで我慢しなければなりません。

▼エピソードにつなげる展開をつくる

面接では、エピソードを〝聞いてもらえるようにする工夫〟も必要です。そのためには、**新聞同様に「見出し」「リード」「本文」の3層構造で進めるとよいでしょう。**

まず経歴紹介で、数字などを用いて実績を端的に紹介し、面接官の興味をひきます（見出し）。そのことについて聞かれたら、「新規事業の採用が成功の要因です」などと概要を伝えます（リード）。そして経緯などの詳しい説明を求められたら、具体的なエピソードを話します（本文）。

これなら、アピールしたいことを充分に伝えられ、相手にも真剣に聞いてもらえます。

面接官のホンネ

面接官がうなるワード❹ ▸▸「たとえると」

業界や職種が異なる方の面接では、「知っていて当然」というように専門用語を使われることがありますが、これは困ります。知識がない人にでもわかることにたとえて話せる人は、コミュニケーション能力が高いなと思いますね。

❹ エピソードは「後出し」が基本

▼勝手に話し出すと自分勝手な印象に

面接官

これまでの経験を教えてください

応募者

3年前は営業部にいましたが、そこは新規戦略が滅多に受け入れられないところだったので、「動画」を用いたプレゼンで提案をすることにしました。

よりクオリティの高い動画を撮るために、当時最新だったカメラを新たに購入し、寝る間も惜しんで撮影と編集作業を行いました。

その結果、お客様の反響もよく業績を110%まで〜〜


このペースで話されたら時間足りないんだけど……。

こっちの都合も考えてよ。

▼「聞かれてから話す」が鉄則

面接官

これまでの経験を教えてください

応募者

入社から3年は営業をし、新規戦略の提案で業績を110%に伸ばしたり、大きなクライアントを任され社長賞をもらったりしました。

その後異動し、現在は広報の仕事をしています。


新規戦略で業績を110%に伸ばされたとはすごいですね。

どんなことをされたんですか？


内容以前に、提案方法がポイントでした。

「その話もっと聞きたい」と前のめりにさせると、
エピソードの効果が何倍にも膨れ上がる！

納得してもらえる伝え方⑤

できるだけ具体的に伝える

▼数字が「過去の実績」を証明する

面接で具体的に伝えることには、ふたつのメリットがあります。

ひとつは、信憑性が高まること。**判断材料が少ない面接という場では、「話の内容が本当かどうか」はかなり追求されます。**そのため、過去の実績を語る際は具体的な数字などを用いると、本当にあなたが行ったという信憑性が高まります。

「ヒット商品の開発に携わりました」と言っても、「本当は他の人の成果なのでは」と疑われることも。自分が担当したことを伝えるためには、当事者のみ知り得る具体的な数字を伝えるのが最も効果的なのです。

▼面接官の頭にイメージがわく

もうひとつのメリットは、面接官が話の内容をイメージしやすくなることです。

たとえば、「お客様の発展に貢献しました」とだけ話しても、あなたがお客様のなにに対して、どのように貢献し、どう発展したのかは伝わりません。

面接官の頭にイメージが浮かばなければ、その話はなかったも同然です。

「5W1Hにそって話す」「数字を用いる」などを心がけて、きっかけや行動、結果を具体的に伝えましょう。

相手がわかるようなら、実際の社名や商品名を可能な範囲で伝えてもよいでしょう。

面接官のホンネ

面接官がうなるワード⑤ ▸▸「ポイントは3つあります」

とりとめなく話されると、「この話はどこまで続くのだろう」とヤキモキします。はじめに「ポイントは3つあります」などと示してくれると、話の現在地がわかり、全体像を把握しながら聞けるので理解しやすくなります。

❺ できる限り詳細な数字を使う

▼抽象的な話では説得力がない

面接官

3年前に業績を伸ばしたということですが、具体的に教えてください

応募者

当時よい結果が出せていなかった営業部に配属された私は、メンバーを鼓舞し、ときには励まされながら、「当たって砕けろ」という精神で一生懸命頑張りました。

抽象的な話ばかりでよくわからない。
本当にこの人の成果なのかなあ。

▼具体的な数字を使うと説得力が高まる

面接官

3年前に業績を伸ばしたということですが、具体的に教えてください

応募者

既存の顧客に費やす時間を減らし、新規開拓に注力することで顧客数を20%アップさせました。
その結果、昨年対比110%の売上を達成しました。
現場は私を含め4人でしたが、20億円の売上のうち半分以上が私の担当でしたので、個人で社長賞もいただきました。

なるほど、それならこの人の手柄というのもうなずける。

できるだけ具体的に伝えることで、
あなたの貢献度も伝わりやすくなる!

納得してもらえる伝え方❻

主体的な行動を伝える

▼実績の規模は関係ない

転職希望者のなかには、「面接でアピールできる大きな実績がない」と悩む人もたくさんいます。しかし転職面接では、過去の仕事の規模はそれほど重要ではありません。

大きな仕事をした経験はたしかに面接官の興味をひきます。しかし、**大きなプロジェクトの末端で、上司に指示されたことをやっていただけでは、面接官の心には響きません。**

たとえ見栄を張ってアピールしても、具体的なことを聞かれたら答えられないでしょう。面接官にかかわりの薄さを見抜かれ、むしろあなたの評価は下がります。

▼「どうかかわったのか」が重要

転職面接で求められるポイントは、〝主体性〟です。新卒面接では自分を〝縁の下の力持ち〟と表現する人もいますが、即戦力を求める転職面接では、企業は主体性とリーダーシップがある人を求めているのです。

過去の経験を話す際は、規模の大きさよりもかかわり方の濃さを重視しましょう。たとえば事務の人なら「効率アップのため業務報告書を再編成し、現場から『残業時間が減った』と感謝されました」という具合です。

たとえ些細なことでも、与えられた立場でどう考え行動したかを具体的に説明することが大切なのです。

面接官のホンネ

面接官がうなるワード❻ ▸▸「順番にお話ししますと」

とくに職務経歴を話すときに、「今は○○をしています。その前は××をしていて、そこから△△を経て、いや途中で□□をして〜」なんてなると、こちらも混乱します。できごとは時系列で話してもらえると助かります。

❻ 結果の大小より主体性の有無を重視

▼実績の規模だけ伝えても響かない

面接官

前職での実績を教えてください

応募者

Aというプロジェクトで20億円の営業利益を出したことがあります（といっても、上司の指示をこなしただけなんだけど……）。

そのなかでこの人はどれくらい貢献したのかな……？

▼小さなことでもいいので主体的な行動を伝える

面接官

前職での実績を教えてください

応募者

管理部門として大きなプロジェクトのサポートをしたことがあり、以前から現場で非効率だと指摘されていたエクセルのフォーマットを刷新しました。
そのプロジェクトは20億円の営業利益を達成しましたが、少しは貢献できたのではないかと思っています。

自分でできることを主体的に考えられる人なんだな。

言われたことをやっただけでは評価されない。
自分で考え主体的に動いた話を披露しよう！

納得してもらえる伝え方⑦

成功した要因を伝える

▼〝再現性〟はこちらからアピールしない

実績をアピールするときに重要なのは、面接官に「うちでも成果を出してくれそう」と思ってもらうことです。

しかし、「この経験は御社の業務でも確実に活かせるはずです」と、**こちらから再現性を強くアピールするのは避けましょう。**なぜなら、世の中にまったく同じ仕事などなく、環境が変われば同じ方法は通用しなくなるものだからです。「私だったらこんな新規事業をやります」と、提案書まで用意する人もいますが、言語道断です。

あなたの成功体験の再現性を判断するのは、面接官の役目なのです。

▼〝成功の要因〟を話せば再現性は伝わる

一方、せっかく素晴らしい成果を挙げてきたのに「景気がよかったから」「たまたまうまくいったから」と、「なぜ成功できたのか」を理解できていない人もいます。

その成功が本当にたまたま運がよかっただけであれば話は別ですが、これでは面接官の目には魅力的に映りません。

面接官に「うちでもまた成功してくれるかもしれない」と再現性を感じてもらうには、成功の要因を論理的に伝える必要があります。

成功の背景を分析し、スキルや表面的な行動ではなく、成功のポイントを把握しておきましょう。

面接官のホンネ

面接官がうなるワード⑦ ▸▸「はい」「いいえ」

64ページで「返事は“プラスアルファ”で返して」と言いましたが、逆に「はい」「いいえ」で答えてほしい質問に曖昧な返事をされるのも困ります。このタイプの質問には、まずハッキリと意見を示してください。補足はそのあとでお願いします。

⑦ 再現性は相手に判断してもらう

▼要因が理解できていない成功体験談は意味がない

面接官

その成果を挙げられた理由は何ですか？

応募者

じつのところ、自分でもわからないんです。
頑張りはしましたが、これといって特別なことはしておらず、成果がでたのはたまたま運がよかったからです。

“なぜ成功できたか”がわかっていないな。
環境が変わったら成果を挙げるのは難しそうだな。

▼成功の大きな要因を説明できるようにする

面接官

その成果を挙げられた理由は何ですか？

応募者

それは、周りの人の意見も取り入れるということを意識したからです。
事業の進捗を自分以外の人も確認できるようにし、様々な意見をもらったことで、より効率のよい進行ができました。

なるほど、それはうちの仕事にも活かしてもらえそうだ。

表面的な行動ではなく、環境が変わっても実践できる成功の要因を述べる！

納得してもらえる伝え方⑧

失敗への取り組みを伝える

▼小さな失敗は失敗とはいえない

転職面接では、「今までいちばんの失敗は何ですか？」と聞かれることがあります。挑戦に失敗はつきものであり、面接官であるベテラン社員はそれを知っています。

このとき、評価が下がるのを恐れて取るに足らない小さな失敗を挙げると、面接官に「この人は今まで挑戦してこなかったんだな」と思われてしまいます。

過去の失敗を問う質問では、規模の大小にかかわらず、ありのままの失敗経験を伝えてよいでしょう。

ただし、開き直って話すのは無責任な印象になるのでNGです。

▼失敗に対してどう対処したかを伝える

失敗について問われると、「その失敗からなにを学びどう改善に繋げたか」を答える人は多くいます。これは間違いではありませんが、それは当たり前のことであり、これだけでは面接官の心には響きません。

この質問への答えであなたが伝えるべきことは、その失敗に対してそのときにどう対処したかです。失敗を完全に防ぐのは不可能です。失敗したときにどう考え、行動できるかが重要になるのです。

失敗に対する努力を伝えれば、面接官は「失敗しても責任感をもってしっかりと対処できるはず」と評価してくれるでしょう。

面接官のホンネ

面接官がうなるワード⑧ ▸▸ “ものまね言葉”

面接中にこちらが話した言葉や、弊社の理念に登場する言葉などを引用して話されると、「この人はこちらの話をちゃんと理解しているな」と安心できますね。なんとなく心の距離も縮まった気がするから不思議なものです。

⑧ 失敗談にはそのときのフォローも添える

▼失敗から学んだことを活かすのは当たり前

面接官

いちばんの失敗を教えてください

応募者

大きなプロジェクトで発注ミスをしたことがあります。今後同様のミスがないよう、作業を見直し、それ以降はかならずダブルチェックをするようにしています。

同じ失敗をくり返さないのは、
社会人として当たり前だよね……

▼失敗したときになにができるかを聞いている

面接官

いちばんの失敗を教えてください

応募者

大きなプロジェクトで発注ミスをしたことがあります。発覚後すぐに、作り直した場合の日数を確認し、万が一間に合わなかったときのための代替品制作の段取りも考えました。
結果的に納期には間に合わなかったのですが、この経験を反省し、それ以降はダブルチェックを心がけています。

行動力があり、仕事の優先順位もつけられそうだな。
もし失敗しても、彼なら柔軟に対応してくれるだろう。

成長や挑戦に失敗はつきもの。
重要なのは失敗に柔軟に対応できるかどうか！

面接直前チェック！

第4章のまとめ

▼理解してもらえる伝え方のコツがある

❶ 理由は自責で話す

人のせいにしてばかりの人や、責任感のない人は採用されません。たとえ他人や環境が原因で退職する場合であっても、かならず反省の気持ちも添えましょう。

❷ 真に本当のことだけを話す

退職理由などで、借りものの言葉や本当の原因以外を話しても説得力はありません。たとえネガティブな内容であっても、“いちばんの理由”を伝えましょう。

❸ 希望には理由と根拠をつける

給与や職種など、なにかを希望するときには、それを望む理由と叶えるに値する根拠が必要です。自己中心的にならず、他人が納得できる希望かどうかを判断しましょう。

❹ エピソードは聞かれてから話す

成功体験を一方的に伝えても、ただの“無駄話”としか思われません。面接官が「詳しく聞いてみたい」となるように、「見出し」「リード」「本文」の3層構造で進めます。

❺ できるだけ具体的に伝える

実績やエピソードを伝えただけでは、「本当にあなたの成果なの？」と疑問に思われます。関係者しか知らない具体的な数字や経緯も伝えると、信憑性が高まります。

❻ 主体的な行動を伝える

面接で実績をアピールするときは、規模の大きさよりも“主体性”が重要です。たとえ些細なことであっても、自分で考えて行動した内容を伝えましょう。

❼ 成功した要因を伝える

“成功の要因”が理解できていないと、面接官は「うちでも成功してくれそうだ」とは思いません。表面的な行動ではなく、鍵となった考え方や条件などを伝えましょう。

❽ 失敗への取り組みを伝える

小さな失敗経験を話すと、「挑戦していない人」という評価になります。下手にとりつくろわずにありのままを話し、そのときにどう対処したかを伝えましょう。

第5章

転職目的別
面接の話し方・伝え方

希望や目的を伝えるときは〝動機〟と〝根拠〟を伝える

転職を考えたとき、そこには現状に対する不満と、それを解決したいという希望があったはずです。それはお金のことかもしれませんし、社内評価や上司のことかもしれません。その不満こそが、転職を考えるきっかけとなった〝動機〟といえます。しかし、そういった動機だけでは、面接官に理解してもらうことは難しいでしょう。なぜなら動機は、あなたが転職しようと思った主観的な理由でしかないからです。面接官は、転職の動機を理解し納得するための客観的事実、つまり〝根拠〟を求めています。それに応えるためには、自分を客観的に見つめ、面接官が「なるほど。そういった理由なら転職したいのも当然だ」と納得できる、論理的な説明をする必要があるのです。

本章では転職の目的別に、「その目的をどう話せば面接官に理解してもらえるのか」をアドバイスします。伝え方のコツをおさえ、目的を達成できる転職を目指してください。

“動機”と“根拠”で希望を叶える

▼希望を掘り下げて“動機”と“根拠”を考える

応募者

希望

今の会社より給与を上げたい

掘り下げる！

動機

- 大学の同期より低かった
- 結婚資金が貯められない
- 会社の先輩の給与も低かった

本音で正直に考える

根拠

- 人には負けないスキルをもっている
- 自分のスキルは次の仕事でも活かせる
- 時給に換算しても低い

面接官の視点で考える

▼“動機”と“根拠”の両方を伝える

動機だけ → その希望、なんで叶えてあげなきゃいけないの？

面接官

根拠だけ → あまり熱意を感じないなあ

面接官

動機＋**根拠** → なるほど、それなら希望を叶えてあげてもいいな

面接官

自分が“希望を叶えたい理由”と、
企業が“希望を叶えるべき理由”をしっかり伝える

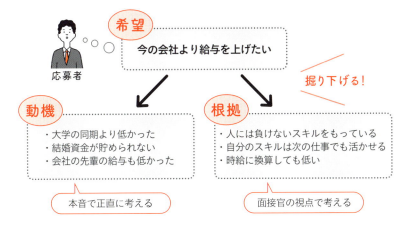

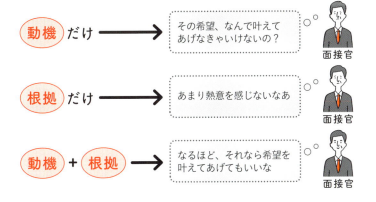

給与を上げるために転職する人

面接のポイント

▼「給与だけ上げたい」はNG

「大学の同期がそれくらいもらっているから」「今の給与では生活が厳しいから」などと伝えても、それは面接官にとってはまったく説得力のない理由です。

また、**「自分にはそれだけの価値がある」とアピールするのも考えものです。**転職先でも同様の仕事ができるかどうかはわかりませんし、あなたの価値と給与額を判断するのは面接官だからです。

▼給与アップへの〝覚悟〟を伝える

避けるべきなのは「苦労はせずに給与だけ上げたい」という姿勢です。

転職によって給与が上がるということは、通常では責任が増える、強いプレッシャーにさらされる、難易度が上がるなど、より厳しい環境に身を置くことを意味します。

つまり面接官は、上げた分の給与に見合う働きをする〝覚悟〟があなたにあるかどうかが知りたいのです。

「バリバリ働くので大学の同期と同じくらいに給与を上げたい」など、**給与アップに見合う活躍をする覚悟を伝えれば、意欲的に映り、納得してもらえます。**

ただし、給与は自身の努力だけで上がるものではありません。業界の給与水準や企業の業界順位などの要素も大きいことも、理解しておきましょう。

面接官のホンネ

この言葉はイラッとします❶ ▸▸「現状に不満はないのですが」

転職するのだから、そんなはずはないでしょう。よくある面接マニュアル本の「今の会社を否定するのはNG」というアドバイスの影響かもしれませんが、これではなぜ転職したいのかがわからず、理解のしようがありません。

希望が叶う面接のポイント

▼希望を伝えるときの注意点

応募者

給与アップと言ったら評価が下がるかな？

▶給与アップが転職の目的なら、希望は絶対に伝えなくてはいけない

自分には給与アップしてもらえる価値がある！

▶給与額は企業側が判断すること。自己アピールはしても、それを根拠に主張するのは印象が悪い

お金が必要なのでお願いします！

▶退職理由としては納得してもらえるが、それだけでは給与アップの根拠にはならない

周りもこれくらいもらっているし、給与アップは当然！

▶周りがこうだから自分も、というのは根拠にはならない

▼希望が叶う考え方

給与が上がれば
仕事の難度も上がる！

給与アップに見合う働きができることを、客観的根拠と覚悟で伝える。

「退職理由」の伝え方

▼〝客観的〟に見ても低いことを伝える

この場合の退職理由は、当然「給与が低いから」となるでしょう。しかし、「給与が低いから会社を辞めたい」とそのまま伝えると、「今の会社での評価が低いだけでは？」と思われるおそれがあります。

転職で給与アップをねらう場合は、**今の給与が客観的に見ても低いと納得してもらう必要があります。**

自分の評価が低いわけではないと伝えたうえで、社内の同期や同世代、または上司の給与水準などが世間の平均に対してどうなのかを伝えることが重要です。

▼将来を見越した転職と伝える

また、社内で評価されている先輩社員の給与額を、同世代や同業界と比較するなどし、「このままでは家族を養える給与になるにはまだ何年もかかりそう」と、将来設計が立てられない現実を伝えるのも効果的です。

ただし、今の会社の給与体系が低いとはいえない場合は、転職の前に、まずは今の会社で評価を上げる努力をすべきでしょう。

また企業規模にもよりますが、**可能なら社長や上司に給与アップを直談判しましょう。**たとえだめでも、交渉の努力をした事実は、面接の場ではプラスになります。

面接官のホンネ

この言葉はイラッとします❷ ▸▸「お金のことは考えていません」

慈善事業ではないのだから、儲ける意識は大事です。もし本当に考えていないのであれば、あえてふれる必要はありません。なぜなら「考えていない」と話す人ほど、お金のことを意識しているのを面接官は知っているからです。

客観的な根拠と目的が重要

▼主観的な理由では納得してもらえない

面接官

どうして退職しようと思ったのですか？

応募者

今の給与に満足していないからです。
先日、大学の同窓会に参加したところ、私の給与がいちばん低いことがわかりました。
私のことをもっと正当に評価してくれる会社に入りたいと思い、転職を決意しました。

給与が低いのは、あなたの評価が低いからでは？

▼業界平均との比較や将来設計を伝える

面接官

どうして退職しようと思ったのですか？

応募者

今の会社の給与では、私が望む将来設計を実現できないからです。
社内の給与体系を見ると、たとえ35歳で高い評価を得ていたとしても、年収は業界平均や世代平均を下回ります。
ゆくゆくは子供もつくりたいと考えており、このままでは家族を養えないと思い、転職を決意しました。

給与体系自体が低い会社で埋もれているのだな。
目的も明確だし、給与分の活躍をしてくれそうだ。

何のために給与アップしたいのかが重要

「志望理由」の伝え方

▼給与が高い理由に言及する

単純に給与の高さを志望理由としてしまうと、「うちより給与が高い企業の募集があったらまたすぐに転職するのでは？」と思われてしまいます。なおかつ、その企業でなくてはいけない理由も伝わりません。

志望理由では、その企業のオリジナルな部分にふれる必要があります。これは、その企業の給与が高い理由を考えると、見つかりやすいものです。**「給与が高い＝利益が出ている」のであり、そこには同業他社とは異なる独自の戦略があるはずです。**

そこに「魅力を感じた」と言及すれば、給与アップ希望との一貫性も出て説得力が増し、「うちのことをよくわかっているな」と評価もグッと上がるでしょう。

▼オリジナリティはHPに隠れている

また、社内環境や経営理念についてふれるのもよいでしょう。たとえば成果主義を掲げている会社なら、「頑張れば報われるという考え方に魅力を感じました」と伝えるのも有効です。

そのためには、事前準備としてその企業ならではといえる部分を探さなければいけません。ホームページはくまなく読んでおきましょう。**とくに経営理念や社長のメッセージには、その企業のオリジナリティが隠れているものです。**

面接官のホンネ

この言葉はイラッとします❸ ▸▸「御社が昔から好きでした」

こんな誰でも言える簡単なことでは、チープで子供っぽい印象をもってしまいます。もし本当に好きなのであれば、ビジネスパーソンの視点からの理由も聞かせてもらわないと、説得力はゼロです。

その企業のオリジナリティにふれる

▼給与プラスアルファがないと納得してもらえない

面接官

弊社を志望した理由は何ですか？

応募者

同業界で働く知り合いに話を聞いたところ、御社は業績もよく、年収も今の会社より高いと知りました。御社なら、これまでのスキルや経験も活かせますし、転職後も高いモチベーションで働けると思い、志望しました。

高い給与がほしいならほかの会社でもいいのでは？
それに、もっと給与が高い会社にまた転職するのでは？

▼その企業の業績を支える独自の戦略にふれる

面接官

弊社を志望した理由は何ですか？

応募者

今の会社よりも給与が高いことはもちろんですが、御社のホームページで拝見した、成果主義を掲げる経営方針に魅力を感じたのがいちばんの理由です。給与額が高い分、仕事の難易度や責任も高まるとは思いますが、努力に見合う見返りが得られるのはよいモチベーションになります。

うちでの働き方をしっかりイメージできているな。
下調べもしてるし、志望度は高いみたいだ。

入社して終わりではなく
給与に見合う活躍をする覚悟を伝える

給与を上げるために転職する人

面接で聞いておきたい質問

▼目先の給与アップに飛びつかない

大前提として、転職後すぐの給与アップを求めてはいけません。転職して給与アップしたけれど、1年後に大幅ダウンしたり、その先何年も昇給がなかったりということもあります。

目先の給与に飛びつくのではなく、「頑張れば給与アップできる可能性がある企業に転職する」と考えましょう。

「どうすれば評価が上がるのか」「なにを頑張れば給与は上がるのか」「評価が上がれば給与も上がるのか」などを具体的に聞いておくことで、入社後のビジョンが明確になるうえ、面接官にも本気度が伝わります。

▼お金のこともしっかり確認する

給与を上げるための転職なら、当然お金のことをきちんと聞いておく必要があります。たとえば求人に「平均給与６５０万円」とあるなら、次のような点は確認しておいてもよいでしょう。

・残業代も含んでいるのか
・社員の平均年齢と在籍年数はどうなのか
・自分の年代の平均給与はどれくらいか
・どういった手当があるのか

ただし、あまりにも詳細な点についての質問は、ある程度選考が進み、よい関係ができてからにしたほうがよいでしょう。

面接官のホンネ

この言葉はイラッとします④ ▸▸「ボーナスはどれくらい出ますか？」

ボーナスは個人の成果や会社の業績に応じて払われるものです。まだ会社に貢献できてもいないのにこんなことを聞かれると、「この人は会社からの恩恵にしか興味がない」と感じてしまいますね。

入社後の活躍を予感させる

▼目先の給与のことばかりでは失望させてしまう

面接官

最後になにか質問はありますか？

応募者

募集要項にあった給与額はかならずもらえるのでしょうか？
配属された部署によっては異なるということもありますか？

給与のことしか考えてないのかな？
入社して給与が上がったら手を抜きそうだな……

▼給与アップのためになにをすればいいかの確認を

面接官

最後になにか質問はありますか？

応募者

御社は成果主義を掲げていますが、具体的にはどう頑張れば給与は上がるのでしょうか？
努力しだいでは、30歳でどのくらいの給与がねらえますか？

入社後の意気込みが感じられる。
給与アップ分の活躍をしてくれそうだな。

「転職で給与が上がって安心」ではなく、
「給与アップをつかみとる」という気持ちで

キャリアアップのために転職する人

面接のポイント

▼〝キャリアアップ〟は使わない

転職目的が「キャリアアップ」という人は、**まずはその「キャリアアップ」という言葉の使用をやめることからはじめてください。**

なぜなら、「キャリアアップ」という言葉には具体性がないからです。給与を上げたいのか、スキルを得たいのか、ポジションを上げたいのか、有名企業に勤めたいのか、これが明確でないと面接官には伝わりません。

それどころか、「キャリアアップ」の内容について、自分と面接官が異なる認識をしていたためにミスマッチな転職となり、後悔に至るケースは多くあります。

▼計画性と根拠のあるスキルアップを

一般的には、今の能力を向上させたり新しい技術を得たりして、自身の〝できること〟を増やしていく「スキルアップ」の意味で、「キャリアアップ」という言葉を使っている人が多いのではないでしょうか。

スキルアップが目的なら、**どの分野のスキルを磨きたいのか、なぜその分野のスキルを向上させたいのかなどの理由を整理しておく必要があります。**

また、これまでのキャリアとの一貫性も重要です。今までの業界や職種とまったく関係のないことを理由もなく希望してしまうと、「計画性がない」と思われてしまいます。

面接官のホンネ

この言葉はイラッとします❺ ▸▸「運がよかったので」

謙遜してなのか、自身の成果や実績について「運がよかっただけです」「たまたまうまくいきました」といった言葉で片づける人がいます。しかしこれでは、成功分析ができない「思考停止した人」という印象を受けます。

希望が叶う面接のポイント

▼希望を伝えるときの注意点

応募者

キャリアアップして成長したい！

▶給与、スキル、役職など、なにを向上させたいのかがわからない。なにを求めているのかを具体的に話せるように

新しい分野に挑戦してキャリアアップしたい！

▶まったく新しい分野に挑戦するときは、今までのキャリアは捨てることになる。今までのスキルを活かせない転職はすぐにはキャリアアップとは呼べない

とにかく大きな仕事をしたい！

▶「大きな仕事＝キャリアアップ」ではない
▶大きな仕事がしたい理由も伝えられないと、「考えが浅い人」という印象に

▼希望が叶う考え方

キャリアは
増やすものではなく
積み重ねていくもの

現状ですでにできることがあるうえで、さらに新しいスキルや経験を身につけたいと伝える。

キャリアアップのために転職する人

「退職理由」の伝え方

▼「飽きた」はOK、「やりきった」はNG

キャリアアップを求める人は、退職理由で「今の仕事はやりきった」と言いがちです。しかしこれはNG。2、3年くらいで極められるわけがなく、仕事を深く考えられない人と思われてしまいます。

ただ、正直「飽きた」から転職するということはありえます。なぜなら企業としては、社員に新たなスキルを磨かせるよりも、同じ仕事を続けさせたほうが一人あたりの生産性を高くできるからです。そのため、優秀な人であるほど同じ仕事を続けることになり、やがて飽きてしまうのです。

それは面接官もわかっています。**今の仕事で結果を出せていて、それが本音なら「飽きた」と言っても問題ないでしょう。**

▼「飽きた」あとの改善策が重要

ただしこの場合も、「飽きたら辞める人」と思われてしまう危険性は否定できません。**現状の「飽きた」環境を改善するために行ったことと、その結果を伝えることが重要です。**

転職するほど悩んでいるのなら、「新しい分野をやらせてもらえないでしょうか」と、まずは退職覚悟で今の会社と交渉してみましょう。それでも希望は叶わなかったので、退職を決意した。これならとても説得力がある退職理由となります。

面接官のホンネ

この言葉はイラッとします❻ ▸▸「エージェントに言われたので」

これは論外ですね。企業に対してもエージェントに対しても失礼です。「私には御社が合うと言われたので」というのもやめましょう。たとえそれが事実だとしても、自分なりに考えた志望理由を話してほしいものです。

キャリアアップの中身を伝える

▼「やりきった」では納得してもらえない

面接官

どうして退職しようと思ったのですか？

応募者

今の仕事は、もうやりきったと感じたからです。

現状のルーティンワークから抜け出し、キャリアアップすることでさらなる成長をしたいと思い、転職を決意いたしました。


具体的にどうなりたいのかが見えないし、たった数年で「やりきった」って、仕事のこと甘く見てない？

▼キャリアアップの内容を具体的に言い換える

面接官

どうして退職しようと思ったのですか？

応募者

正直に言うと、今の仕事に飽きてしまったからです。

入社からずっと店舗営業の仕事を続け、安定して成果も出せるようになったのですが、将来マネージャー職に就くために法人対応のスキルも身につけたいと思いました。

そこで異動願いを出したのですが、この先数年はその可能性がないと言われ、転職を決意しました。


なるほど。たしかに同じことだけでは飽きるよな。

将来の目標のために仕事の幅を広げたいのか。


なにをどう変えたいのかが伝わり、説得力が増す

キャリアアップのために転職する人

「志望理由」の伝え方

▼身につけたいスキルがあるのは高評価

日本が成長を続け、企業が定年までの道筋を用意してくれていた時代では、会社員は受け身の姿勢でスキルを磨けば安泰でした。

しかし経済成長が停滞した現代では、会社の成長にともなう自らのスキル向上は望めなくなっています。

したがって、理想の将来を得るために必要なスキルを求めて転職をするのは、当然のことともいえます。

▼どのように貢献できるかが重視される

新たなスキルを身につけたいという志望理由は悪いものではありませんが、それを前面に出すのは考えものです。

なぜなら、企業は学校ではありません。**スキルを与える（ギブ）代わりになにが得られるのか（テイク）、企業はこれを重視しています。**まずはあなたが貢献できることを伝えたうえで、自身の希望を伝えなくてはいけません。

そのため、**転職でスキルアップを望む場合は、これまでの経験や現状のスキルがある程度活かせる企業に応募する必要があります。**

イメージとしては、転職後の業務の80％はすでにこなせるうえで、残り20％は新たに学ぶ分野というバランスが理想です。

面接官のホンネ

この言葉はイラッとします❼ ▸▸「御社で成長させてほしい」

勘違いしている人も多いのですが、成長したいというのは自分都合の話です。会社は学校ではありません。受け身の姿勢ではなく、ギブ＆ギブ＆テイクくらいの気持ちで、まずは「なにに貢献できるか」をアピールしてもらいたいです。

“なにができるか”が重視される

▼学ぶ姿勢だけでは納得してもらえない

面接官

弊社を志望した理由は何ですか?

応募者

募集要項に、法人営業職募集とあったからです。
今までは店舗営業をしていましたが、御社に転職すれば自分の成長に繋がると思いました。
社内教育も充実している御社のような環境で、自分自身もスキルアップしたいと考えております。

自分のメリットばかりで受け身の姿勢だな……
あなたを採用してうちにメリットはあるの?

▼現状でできることはなにかを伝える

面接官

弊社を志望した理由は何ですか?

応募者

募集要項に、法人営業職募集とあったからです。
今までは店舗営業でしたが、その際に顧客のニーズをとらえるスキルを培いました。
店舗と法人では営業の方法も異なるかと思いますが、これまでの営業経験を活かしつつ、法人営業のスキルも身につけていきたいと考えております。

営業の経験があるなら、任せても大丈夫そうだな。

すでにできることがあると伝えれば、
さらに任せてみようと思ってもらえる

キャリアアップのために転職する人

面接で聞いておきたい質問

▼本当に身につけられるかの確認を

今と同じ職種であっても、具体的な職務内容は社外からではわからないものです。転職したが、スキルアップのための業務は任せてもらえず、結局今までと同じ仕事をするはめに、ということはよくあります。

そうならないためにも面接では、転職後に、望んでいるスキルを本当に身につけられるかどうかを確認しておきましょう。

希望する業務を任せてもらえるのか、すぐにが無理なら、いつ、どうすれば任せてもらえるのか。しつこく聞くと〝使い勝手が悪い人材〟と思われることもありますが、あなたの成長のためにも確認は必要です。

▼将来的にも身につけられるのか

希望の仕事に転職できたのに、その事業が縮小になったり、他社に売却されたりすることもあります。

身につけたいスキルが、その企業で〝将来的にも〟経験できるかどうかも確かめておきたいところです。

先のことは誰にもわからず、心配していたらキリがないのですが、現時点で将来を予測するための情報収集はできるかぎり行う必要があります。

ホームページを見たり面接で質問をしたりして、応募先企業の今後のビジョンを確認しておきましょう。

面接官のホンネ

この言葉はイラッとします❽ ▸▸「御社の課題を教えてください」

これはよく聞かれる質問ですが、これを聞いてどうするんですかね？ ほかに聞くことがなく、苦し紛れにした質問というのがよくわかります。それに、こちらが審査されているような気分にもなり、いい気はしないですね。

将来的にも成長できるかどうかを確認

▼希望にあまりにも固執するのは考えもの

面接官

最後になにか質問はありますか？

応募者

法人営業職以外に配属されることはあるのでしょうか？
もしほかの部署に配属になった場合は、異動の希望は出せますか？

法人営業以外は絶対にしないつもりなのかな？
使い勝手が悪い人材だなあ……

▼そのスキルを長期的に身につけられるかを確認

面接官

最後になにか質問はありますか？

応募者

御社のホームページを拝見したところ、今後は現場営業に力を注いでいくように考えられていると感じました。
中長期的に法人営業のスキルを磨きたいと考えているのですが、その分野が縮小となる可能性はあるのでしょうか？

業界の変化もあり、たしかに今後は現場営業に力を注いでいく方針です。

ということは、もしかしたら現場営業に回されるかも。
ここは慎重に考えないとな……

希望のスキルを身につけられなくなり、
転職で後悔するのを防げる

業界を変えるために転職する人

面接のポイント

▼業界の風を読むのが大事

「やりがい」なのか「向き不向き」なのか、**転職で業界を変える場合は、その理由を明確にしておきましょう。**

なかでも多いのが、今の業界の将来性に不安を感じて転職する場合。ここでは、〝風を読む〟力が求められます。表面的な情報やいっときの業績などを信じていては、本当に将来性のある企業は見抜けません。

企業の勢いは給与や勤務体系などにもあらわれます。追い風や大きな波がきている業界なのか、そこに乗れている企業なのか、その追い風はこれからも続くのかなど、自分の五感を使って見極めましょう。

▼重視されるのはこれまでのスキル

転職で業界を変える場合、業界の知識や経験をもたないあなたに企業が期待するのは、スキルです。

業界を変えるときでも、武器となるのはこれまでの〝スキル〟しかありません。

20代後半から業界を変える転職をする場合は、これまでのスキルをできるだけ活かせる職種を選びましょう。

そのためには、まずはこれまで得たスキルをきちんと棚卸しすること。業界が変わったとしても、そのスキルをどう活かせるのか。これを具体的に説明できるようにしておきましょう。

この言葉はイラッとします❾ ▸▸「今どき○○できないんですか？」

前職場ではフレックス勤務や社外勤務（テレワーク）ができたからと、それがさも当たり前というように話されるとイラッとします。確認していただくのはよいのですが、自分の価値観や経験に固執して話さないでください。

希望が叶う面接のポイント

▼希望を伝えるときの注意点

応募者

将来性のない今の業界から逃げ出したい！

▶すぐに逃げ出す人という印象を与える。不況に対して行った努力も伝えられるように

勢いのある業界に入って追い風に乗りたい！

▶恩恵にあやかりたいという姿勢はNG。自分の実力をさらに発揮して、その業界で活躍したいという心意気で

職種も業界も変えてやり直したい！

▶ゼロからのスタートはとても厳しい。違う業界に転職するときは、職務内容はこれまでのスキルを活かせるものに

▼希望が叶う考え方

その業界を
自分がさらに盛り上げる

業界を変えることで、今まで以上の実力を発揮できるということをアピールする。

業界を変えるために転職する人

「退職理由」の伝え方

▼実力を発揮するための転職と伝える

「向いていない」「今の業界に将来性がない」などという理由だけでは、面接官に「困難に直面したら逃げ出す人」という印象を与えてしまいます。

この場合は、**「だから、今の業界では実力が充分に発揮できていない」と伝える**と、納得してもらいやすいでしょう。

「業界に将来性がないため、事業規模は縮小し、使える予算も限られている。そのため、もっとやりたいことや実現したいことがあるのに可能性に制限がかかっている」

このように考えれば前向きな退職理由となり、面接官に消極的には映りません。

▼困難に対する努力を伝える

〝逃げの転職〟と思われないためのもうひとつのポイントは、**「困難に対していかに努力したか」を伝える**ことです。

不況のさなかでも、企業は業績回復のために様々な手立てを講じていたはずです。あらゆる手立てを考え、そのために努力したが立て直しは難しく、その結果として転職を選んだというのであれば、納得できる正当な理由になります。

誰にでも家庭や目の前の生活、そして将来の生活設計があります。立て直す努力をしたうえでの転職であれば、面接官も理解してくれるはずです。

面接官のホンネ

この言葉はイラッとします⑩ ▸▸「異動になったので転職します」

専門職でもない人にこれを言われると、企業としては「異動したらまた辞めるのでは？」「使いにくい人だな」と感じます。やりたいことがある気持ちはわかりますが、こだわりすぎず、臨機応変に対応してもらいたいものです。

努力をした事実が重要

▼逃げの転職だと思われたら納得してもらえない

面接官

どうして退職しようと思ったのですか？

応募者

今の業界にあまり興味がもてなかったからです。
お客様と接する機会がないため、やりがいを感じられず、成績も思うようには伸びませんでした。
このまま続けていくことはできないと思い、転職を決意しました。

うまくいかないとすぐに逃げる人なのかな？
この業界も合わなかったら、またすぐ転職するのかな……

▼不況や不向きに対する努力の結果を伝える

面接官

どうして退職しようと思ったのですか？

応募者

今の業界には将来性が感じられないからです。
業界全体の売上が下がるなか、今の会社では訪問回数を1.5倍に増やすなどして立て直しを試みました。しかし、使える予算も限られており、結局３年連続で業績は落ちてしまいました。
自身の将来設計もあるため、退職を決意しました。

逆境でも諦めずに、できる限りの努力はしたんだな。

諦めずに努力したことを伝えれば、
逃げの転職とは思われない

「志望理由」の伝え方

▼業界内のポジションに注目する

単純に「将来性のある業界だから」「向いていると思ったから」などというだけでは、その会社である必然性が感じられず、納得してはもらえません。

業界のどこに将来性や適性などの魅力を感じたのかを説明したうえで、「なぜその企業に入りたいのか」を伝えることが重要です。

事前に、**その企業の業界のなかでのポジションや問題点、ライバル企業との違いといった下調べを行い**、その企業のどこに魅力を感じたのかを具体的に説明できるようにしておきましょう。

▼「ブームに乗っかりたい」はNG

将来性のある業界を志望する際、波に乗っている企業の面接では、面接官は「この人はただブームに乗っかりたいだけなのでは？」と疑いの目を向けてくることもあります。

「今の業界から逃げ出したい」「調子のよい業界でいい思いをしたい」ではなく、あくまで**自分のスキルを活かして貢献したいというスタンスで話します。**どのような形で貢献できるのかを話せるようにしておきましょう。

また、右肩上がりの業界では「一緒に業界を盛り上げたい」という気概をもった人が好まれる傾向にあります。そのため、充分なやる気を見せることも効果的です。

面接官のホンネ

この言葉はイラッとします⑪ ▸▸「感謝される仕事がしたい」

どんな仕事でも、どこかで誰かの役に立ち、感謝されているものです。これを言われると、「仕事を大きなスケールで考えられない人」と感じてしまいます。もう少し具体的に転職の目的を考えてきてほしいですね。

活躍するための転職と考える

▼業界の魅力を伝えるだけでは納得してもらえない

面接官

弊社を志望した理由は何ですか？

応募者

この業界は、現在急成長している業界だと聞きました。昔から興味があり、この業界なら将来性もあり、長く働き続けられると感じたからです。

それならうちじゃなくてもいいんじゃない？

▼この業界なら実力を発揮できると伝える

面接官

弊社を志望した理由は何ですか？

応募者

この業界は現在急成長している業界だと聞きました。
なかでも御社は顧客ニーズに則したサービスでとくに急速にシェアを広げていると感じました。
業界は異なりますが、御社でなら私の提案型営業のスキルも活かせると思います。
業界No.1を目指すお手伝いができればと思い、応募いたしました。

うちの現状と強みをよく理解しているな。
貢献できるスキルもありそうだ。

貢献できることを伝えると
自社の成長のために必要な人材という印象に

業界を変えるために転職する人

面接で聞いておきたい質問

▼今までと異なりそうなことを確認

これまでのスキルを武器にしてアピールするためにも、業界を変えるなら職種は同じものが望ましいと言いました。しかし、**業界や企業が変われば、同じ職種でも職務内容は異なることがあります。**

たとえば、同じ営業職でも新規開拓中心の営業と既存客中心のルート営業では大きな違いがあります。

ほかにも、企業独自の意外なルールが存在したり、今まで当たり前と思っていたことが、じつは他社ではそうではなかったりということもあります。

そのため、職種が同じでも油断してはいけません。転職後に自分のスキルを確実に発揮できるよう、**職務内容で不明瞭な部分があるなら深く掘り下げて聞くべきです。**職務内容についての質問は、転職を真剣に考えていることのアピールにもなります。

▼仕事以外の文化も確認しておきたい

会社によっては、特有の慣習や文化が存在し、ときにはそれが職務内容より重要であることも。これに馴染めず、すぐにまた転職する人も少なくありません。

これは実際に入ってみないとわからないことではありますが、働き方や価値観について絶対に譲れない点があるのなら、面接でしっかり確認しておきたいものです。

面接官のホンネ

この言葉はイラッとします⑫ ▸▸「最後にひとつよろしいですか？」

面接終了後、まだ伝えたいことがあるからと自分勝手にアピールをされても、面接官はまったく聞いていません。それまでせっかくいい印象だったとしても、「自己主張の強すぎる人」として、最後の最後で評価を下げてしまいます。

職種が同じでも油断は禁物

▼同じ職種でも職務内容は異なることも

面接官

最後になにか質問はありますか？

応募者

今の会社でも法人営業をしておりますので、とくに質問はありません。
精一杯頑張りますので、よろしくお願いします。

新規開拓の飛び込み営業が中心だけど、本人がそう言うならまあ大丈夫だろう。

▼具体的な職務内容を確認しておく

面接官

最後になにか質問はありますか？

応募者

今の会社の営業では長くつきあいのある取引先に伺っているのですが、御社の営業も同じでしょうか？
また、業界特有のルールなどもあれば教えていただけないでしょうか？

弊社の営業は7割がルート訪問、3割が新規開拓の訪問です。

新規開拓の営業はしたことがないから、転職したら苦労するかも……

同じ職種でも職務内容が変わることもあるので、具体的な内容を確認しておこう

面接のポイント

▼職種変えはできれば32歳までに

転職市場においては、**転職者は〝スキル〟と〝やる気〟で評価されます。**そして左ページ下のグラフのように、その評価配分は年齢とともに変化します。

まだスキルがなにもない新入社員の評価は〝やる気〟が占める割合が大きく、年齢が上がるとともに〝スキル〟の評価配分が増え、32歳くらいで配分が逆転します。

職種を変えるときは、スキルの評価はゼロになります。つまり32歳を越えると、評価の半分以上が0点ということですから、どんなにやる気でカバーしようとしても、最高で50点までしかとれなくなってしまいます。

▼〝給与アップ〟はNGワード

転職で職種を変える場合、基本的に給与は下がります。一般的なビジネススキルは身についていても、新入社員並みのレベルまで減ることも理論的には充分にありえます。

そうまでして**職種を変える覚悟を、面接で伝えられないといけません。**

しかし給与減を悲観する必要はありません。40代、50代で成功をつかむ人の多くは、たとえ給与が下がったとしても、職種を変えてキャリアを積んでいます。

むしろ、給与減を恐れて本当にやりたいことに挑戦できないことのほうが悲劇といえるでしょう。

面接官のホンネ

この言葉はイラッとします⑬ ▸▸「頑張ります！」

これだけを言われると、あきれてイスから崩れ落ちそうになります。お金をもらって働くのですから、頑張るのは当たり前です。せめてなにをどう頑張るのか具体的な手立てを示していただきたいものです。

希望が叶う面接のポイント

▼希望を伝えるときの注意点

応募者

今の仕事は飽きたし、違うことをやりたいな……

▶なぜ今の会社で異動しないのかと思われてしまう。異動できない理由や異動では解決できない理由を伝えるのを忘れずに

今までのスキルを応用できるはず！

▶職種が変われば環境は大きく変化する。無理にこじつけてスキルの応用をアピールすると、印象が悪くなることも。熱意や、新しい職種に向けて行っている準備を伝える

給与は下げたくない！

▶職種の変更とはスキルをリセットすること。ゼロからのスタートと考え、多少のダウンは覚悟する

▼希望が叶う考え方

スキルが足りない分は
やる気でカバーする

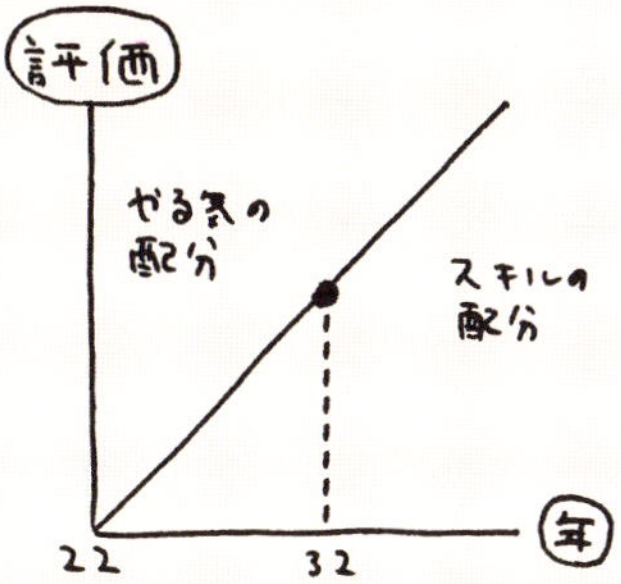

職種が変わる転職ではスキルは0点と評価されるので、やる気でカバーを。32歳以降はカバーが難しくなる。

職種を変えるために転職する人

「退職理由」の伝え方

▼転職するしかなかった経緯を伝える

職種が変わるというのは、とても大きな変化です。そのうえ会社まで変わるとなると、その後の苦労ははかりしれません。

そのたいへんさは面接官もわかっています。そのため、今の会社で改善する努力をせずに面接に臨んでも、「なぜ今の会社で異動しないのか？」「職種を変えるというのは本当の目的ではないのでは？」と疑問をもたれるでしょう。

したがってこの場合は、**まずは今の会社で異動する努力をします。**そのうえで、職種を変えるには転職しか方法がなかったと伝えましょう。

▼変えたい理由は自己都合でもいい

どんな仕事であれ、それが自分に合っているのかどうかは、実際にやってみなければわからないものです。ましてや学生のうちにわかることなどたかが知れています。

ですから、これが**最初の転職であれば、職種を変える理由は自己都合でもかまいません。**理由が具体的に示せるようであれば、「ハードすぎて疲れた」「自分には向いていなかった」などでもよいでしょう。

ただし、職種を変えるのが2度目であれば、前回の転職の判断を反省する必要があります。そのうえで、今回の選択ではその経験を活かしていることを伝えましょう。

面接官のホンネ

この言葉はイラッとします⑭ ▸▸「今の仕事はやりきった」

どんな仕事でも、たった2～3年の経験で“やりきる”ことなどできません。もし“やりきった”と感じているのなら、それは仕事を低い次元でしか考えられていないということでしょう。

転職しか方法がなかったことを伝える

▼すぐに転職では納得してもらえない

面接官

どうして退職しようと思ったのですか？

応募者

営業として5年間勤めてきましたが、ルーティーンということもあり、最近はあまりやりがいを感じなくなってしまいました。
そこで、以前から興味があった商品企画の仕事をしてみたいと思い、退職を決意しました。

わざわざ転職しなくても異動すればいいのでは？
本当は別の理由があるのでは？

▼それが本音なら理由は自己都合でもOK

面接官

どうして退職しようと思ったのですか？

応募者

5年間営業として勤め、自分なりにいろいろと努力はしてみましたが、目立った成果は出せませんでした。
そこで、別部署への異動願いを出したのですが、異動の可能性はほとんどないと言われてしまいました。
より自分の実力を発揮できる職種に就きたいと思い、退職を決意しました。

たしかに、不向きな仕事を続けるのはつらいな。
異動ができないのなら、転職もしかたがないか。

異動の努力をした結果、転職しか方法が残されていなかったということを伝える

「志望理由」の伝え方

▼職務内容のマッチングは不要

以前は〝できる人はなんでもできる〟といわれていましたが、現代は仕事の専門性が高くなり、状況は変わりました。つまり**職種を変えるということは、極端にいえば新人に戻るということ**なのです。

ですから、たとえ下調べをしていたとしても、「新しい分野でも、私のスキルはかならず活かせると思います」と自信満々に語ることは、おすすめできません。

あなたのスキルが新しい仕事で活かせるかどうかは、面接官が判断することであって、面接を受ける側が言うことではないからです。

▼必要なのは〝熱意〟と〝準備〟

新たな職種を志望する際は、基本的に熱意しか武器はありません。

ここでのポイントは、「単なる憧れで志望した」「必要な知識を把握していない」などと思われるのを避けることです。

新たな職種を志望するわけですから、それまでにいろいろな情報収集をしたはず。どんな情報に接して自分の志望スイッチが入ったのか、事前に理解して説明できるようにしておく必要があります。

「必要な情報を調べている」「セミナーを受けている」「資格の勉強をしている」など、行っている準備があれば絶対に伝えましょう。

面接官のホンネ

この言葉はイラッとします⑮ ▸▸「社外に出るのが好きなので」

営業志望の方の志望理由に多いのがこの言葉です。ほかにも、「考えるのが好きなので」と企画職を志望するのも同じことです。はっきり言って、好き嫌いだけで仕事を判断されると、意識の次元が低いと感じてしまいます。

準備と熱意を伝えるのが重要

▼想像だけの理由では納得してもらえない

面接官

弊社を志望した理由は何ですか？

応募者

御社の商品企画部でなら、私のスキルを活かせると思ったからです。
御社の商品はターゲットのニーズを的確にとらえており、私がこれまでマーケティング部門で培った情報収集スキルはきっと役立つと思います。

うちは顧客アンケートを重視して商品開発をしているから、情報収集のスキルはあまり必要ないんだよな……

▼具体的に行っている下調べや準備を伝える

面接官

弊社を志望した理由は何ですか？

応募者

御社のホームページに載っている「ユーザーの声」を読み、ニーズを的確にとらえた御社の商品開発に魅力を感じたからです。
商品企画のスキルはありませんが、最近はデザインやマーケティングに関する書籍を読んだり、他社商品の情報を集めたりして、知識を増やしています。

必要な知識も把握しているようだし、
ただの憧れではないみたいだな。

具体的な準備をしていることで、
真剣に志望していることが伝わる

職種を変えるために転職する人

面接で聞いておきたい質問

▼具体的な職務内容を聞き出す

同じ職種でも、業界や企業によっては職務内容が異なる場合があります。たとえば同じ編集職でも、雑誌と単行本では職務内容は異なりますし、単行本でも文芸書と実用書の編集ではまた異なります。

世間一般のイメージで職種をとらえず、具体的な職務内容を確認しておくと、入社後にギャップを感じることは少ないでしょう。

また面接を受ける際は、大まかな職種ではなく、具体的にどういった仕事をしたいのかを明確にしておく必要があります。そのうえで、面接官から**実際の職務内容を聞き出し、自分の希望に合っているかどうかを冷静にジャッジする**意識が重要です。

▼経験やスキルが役立つかどうか

「自分の経験やスキルは確実に役立つ」と豪語するのは避けると言いましたが、質問で聞くぶんにはかまいません。自分の想像が正しいのかどうかを確認しておきましょう。

また、希望する職種がその企業にとって将来的に伸ばしていきたい分野ではない場合もあります。

転職の目的は職種を変えることではなく、その職種で活躍すること。企業の将来ビジョンを聞き、長いあいだ活躍できる土壌があるのかを確認しておくことは重要です。

面接官のホンネ

この言葉はイラッとします⑯ ▸▸「研修制度はありますか？」

新たな職種や業界に挑戦するときに、不安になる気持ちはわかります。ですが、会社に育ててもらうという意識だけではダメです。不安なら、「なにを勉強する必要がありますか？」と聞いてもらいたいですね。

職務内容を具体的にしていく

▼イメージに頼らず職務内容を確認しておく

面接官

最後になにか質問はありますか？

応募者

今回募集されているのは商品企画部門ということですが、具体的にはどういったことをするのか教えていただけないでしょうか？
売上データの分析などがおもな仕事でしょうか？

弊社は顧客アンケートに基づいた商品開発をしているので、量販店や顧客にアンケートをとりに行く仕事が中心です。
そのデータをもとに、工場に製品を発注します。

それだと今の営業の仕事と変わらないかも……

▼経験やスキルが活かせるか確認してみる

面接官

最後になにか質問はありますか？

応募者

現在の営業の仕事では、顧客のニーズを的確につかむことを意識しており、その経験は御社の商品開発でも活かせると思うのですがいかがでしょうか？

弊社でも、ユーザーにお話を伺うことがあります。
そのときに、相手の発言の根底にあるニーズを察知する力は充分活かせるのではないでしょうか。

入社後の働き方を具体的にイメージでき、
真剣度の高さも伝わる

面接のポイント

▼今の職場での改善努力は必須

「会社や仕事は好きだけど、今の働き方には不満がある」という場合、まずは働き方の**なにが不満なのかを明確にし、今の会社で改善できる方法を探る**ことからはじめます。

活用できる制度がないか探してみましょう。意外と企業は社員のための制度を整えているものです。制度がなければ上司や先輩に働き方を変えてもらえないか交渉します。可能ならば経営陣とも意見を交わし、経営者としての視点も知ったうえで、解決策がないか考えましょう。

そういった事情と努力があって初めて、転職という決断が説得力をもちます。

▼転職するなら同業界・同職種に

理想の働き方は人によって異なり、正解はありません。人によってとらえ方が異なるため、なかなか自分から言い出しづらいということもあります。

しかし、たとえ上司や同僚が現状の働き方に納得していても、自分自身が強い違和感をもち、我慢の限界を超えたのなら、転職を考えてよいでしょう。

この場合、**できれば業界と職種は同時に変えるべきではありません。**それらも変えると、面接官に「働き方が問題なのになぜ業界や職種まで変えるのだろう」と疑問をもたれてしまいます。

面接官のホンネ

この言葉はイラッとします⑰ ▸▸「話は変わるのですが」

いや、変えないでください。面接は時間が限られているため、こちらが用意している質問に的確に答えていただきたいのです。お聞きしていることに関連する内容ならよいのですが、関係のない話題を話されるのは困ります。

希望が叶う面接のポイント

▼希望を伝えるときの注意点

応募者

自分に合った働き方がしたい！

▶「働き方を変える＝会社・業界を変える」ではない。業界も変えたいなら、今の会社や業界では理想の働き方を実現できない理由を伝える

プライベートの事情で働き方を変えたい……

▶プライバシーの問題もあるが、できるだけ正直に話す。将来のライフプランも伝えられると、相手は安心して採用できる

今より時間的に楽な働き方をしたい！

▶その働き方を叶えることで、自分の実力をより発揮できるなど、企業側にもメリットがあることを伝える

▼希望が叶う考え方

空いた時間で
スキルアップなどを！

「自分に合った働き方＝最も実力を発揮できる働き方」ととらえ、企業側のメリットを伝える。

働き方を変えるために転職する人

「退職理由」の伝え方

▼不満ばかりでは納得してもらえない

「残業が多すぎる」「休日出勤が多い」など、現状の働き方に対して不満を抱えている人は多いと思います。

それが、「月曜から土曜まで、毎日終電まで帰れない」というレベルのハードな働き方ならば、ありのままを伝えるだけで納得してもらえるでしょう。しかしそうではない場合、**現状の不満をあげつらうだけでは〝ただの文句〟と思われてしまいます。**

今の会社で改善しようと努力したプロセスを伝えたうえで、働き方を変えたいと思った理由を、事情や価値観を交えて論理的に説明するとよいでしょう。

▼ライフプランを伝える

働き方を変えたいと希望する理由の大半は、仕事とプライベートとの兼ね合いです。

現状に着目してその理由を伝えてもよいのですが、それだけでは「プライベートの状況が変わるごとに転職するのでは？」と思われることもあります。企業側は、「転職後すぐに家庭の状況が変わって辞める」などのリスクも考慮して、採用を考えているのです。

この場合は、将来の予定も交えて伝えるとよいでしょう。ライフプランを伝えたうえで、**転職後数年の働き方を約束できると、企業側も安心して採用できるようになります。**

面接官のホンネ

この言葉はイラッとします⑱ ▸▸「会社の方針に合わなかった」

この場合、会社というよりも上司の方針に合わなかったということのほうが多いのですが、これだけでは自分勝手で子供っぽい印象に感じられます。どんな方針にどう合わなかったかも具体的に教えてもらいたいですね。

会社の文句ではなく努力の跡を伝える

▼文句だけでは納得してもらえない

面接官

どうして退職しようと思ったのですか？

応募者

残業が多すぎるからです。
休日出勤もめずらしくなく、もう少し自分の時間をもてるようになりたいと思い、退職を決意しました。

残業が多いのは仕事の効率が悪いからでは？

▼問題解決のための努力を伝える

面接官

どうして退職しようと思ったのですか？

応募者

もう少し自分の時間を確保したいと思ったからです。残業や休日出勤が多く、手書きの報告書や顧客情報の作成方法を見直すなど、効率アップのための提案をしましたが、却下されてしまいました。
スキルアップのための勉強や、新製品の検討などもしたいのですが、毎日の残業が常態化している現状ではそれもままならないと思い、退職を決意しました。

働く意欲がないわけではなさそうだし、
業務内容を改善する提案力もありそうだな。

“なぜ働き方を変えたいのか”まで伝えられると、説得力が増す

「志望理由」の伝え方

▼力を発揮する意欲を伝える

希望する働き方を具体的に伝えたうえで、その会社がもつ制度の魅力に言及できると効果的です。

ただしここでも重要なのは、ギブ＆テイクの意識。恩恵だけではなく、その代わりに提供できることを伝える必要があります。

たとえば「残業に上限があるところに魅力を感じた」ではなく、「スキルアップのための勉強をするためにも残業に上限があるのは魅力的」と話す、「休みが多いのが魅力的」ではなく「休日にリフレッシュして英気を養えるから魅力的」と話すなど。内容は同じでも、面接官が抱く印象はまったく異なります。

このように、**あなたのパフォーマンスに結びつけて制度の魅力を伝えましょう。**

▼コンサルタントも活用する

自分に合った働き方を手に入れるには、その企業の制度だけでなく、風土や文化もよく調べることが重要です。そこでぜひ利用したいのが、**会社の内情をよく知っているキャリアコンサルタント**です。

たとえば、「フレックスタイム制度でひとりで集中して働ける個人主義の会社で勤めたい」「成果が出ていれば、残業をしなくてもいい会社で働きたい」「働く場所が選べる会社がいい」など、希望を具体的に伝えればきっと適切な企業を紹介してもらえます。

面接官のホンネ

この言葉はイラッとします⑲ ▸▸「社会貢献がしたい」

そもそも社会に貢献していない仕事などありません。これを言われると、「仕事の意義がわからず働いていた」レベルが低い人という印象を受けます。考えを掘り下げて、不満と希望をもっと具体的に教えていただきたいです。

仕事に対する前向きな姿勢が前提

▼「働きたくない」という印象では納得してもらえない

面接官

弊社を志望した理由は何ですか？

応募者

これまでの経験を活かせるということにくわえて、募集要項の「毎月の残業時間は20時間が上限」「年間休日130日」という点に魅力を感じたからです。
効率よく働いて、プライベートも大事にしたいです。

働く意欲が低いのかな……？

▼仕事のパフォーマンスを上げるための転職と伝える

面接官

弊社を志望した理由は何ですか？

応募者

これまでの経験を活かせるということにくわえて、募集要項の「毎月の残業時間は20時間が上限」という点に魅力を感じたからです。
残業のない日は、スキルアップのための勉強や地域ボランティア活動をすることで、仕事にも広がりがでると考えております。

残業がない時間を有効に活用してくれそうだ。
採用すればしっかり貢献してくれそうだな。

働き方を変えることで、より実力を発揮でき、
会社にもメリットがあると伝える

面接で聞いておきたい質問

▼本当に変えられるかどうかを確認

有給休暇や育児休暇だけでなく、フレックスタイム制度や時短勤務、副業可能など、働き方を選べる制度を整えている企業は年々増えてきています。

しかし、制度はあっても実際に利用された事例がないという企業も少なくありません。

しつこく聞くのは考えものですが、転職の目的として働き方が重要という場合は、**制度が本当に利用されているのか、前例があるのかなども聞いておく**必要があります。

もし今は利用実績がない制度だとしても、「こういう働き方がしたい」という理想ができたときに交渉の余地があるのかどうかを確認しておくとよいでしょう。

▼うわさ話は信用しない

また、**公式情報以外の情報を鵜呑みにした質問はNG**です。

「リラックス休暇は実際は取りにくいとインターネットの掲示板で見たのですが、本当でしょうか？」などの質問は、面接官からすると「情報を精査する力がない人」と思えてしまいます。

うわさ話など、余計なことに言及する必要はありません。

「取りやすいかどうか」を聞きたいなら、「リラックス休暇は取れますか？」だけで充分です。

面接官のホンネ

この言葉はイラッとします⑳ ▸▸「将来は独立したいです」

ホームページに「独立できるくらいの気概がある人を求めています」と書く企業も多いのですが、本当に独立されると企業は困ってしまいます。もし本当に独立を考えていても、面接でわざわざ言う必要はないと思いますよ。

名ばかり制度には何の意味もない

▼出所が不確かな情報を鵜呑みにするのはNG

面接官

応募者

最後になにか質問はありますか？

インターネットの掲示板で、御社は有給休暇取得率が低いという書き込みを見たのですが、これは本当ですか？

そんなうわさ話を信じるなんて幼稚だな。

▼実際の働き方に関する質問を

面接官

応募者

最後になにか質問はありますか？

時短勤務制度があると聞きましたが、これは利用率はどれくらいでしょうか？
また、フレックスタイム制度もあるそうですが、どれくらいの人が利用しているのでしょうか？

それは……そうですね……
利用している人はたまにいます。
時短勤務している人もいないわけではありません。

なんだか歯切れが悪いな……
制度があるだけで実際には活用されてないのかな？

転職で本当に働き方を変えられるのか、
こちらからも厳しく審査する

人間関係が原因で転職する人

面接のポイント

▼〝問題上司＝問題企業〟と考えない

職場の人間関係の悩みでいちばん多いのが、上司との関係です。ただ、そんな悩みをもつ方にまず伝えたいのは、**〝問題上司＝問題企業〟ではない**ということです。

その上司との相性が悪いだけであり、異動により環境を変えれば問題が一気に解決できることもあるでしょう。お互いに話し合ったり、その上の上司に相談したりすることでも解決できるかもしれません。まずは原因となっている人物との関係改善に努めましょう。

上司とうまくいかず、しだいに会社のことまで嫌いになり、その結果退職する……これはじつにもったいないことだと思います。

▼譲れないポイントを把握する

その企業や部署の風土・文化・評価方法・働き方などと自分の相性が合わず、異動による解決も難しいという場合は、転職という手段をとるのは正しい選択です。

ただし、抽象的なことなので、曖昧なまま転職しても改善は難しいでしょう。どうしても譲れない価値観や働き方を明確にして、それに合うと思える企業を探してください。

企業の風土や文化、働き方をつかむには、ホームページや募集要項、キャリアコンサルタントからの情報などが参考になります。まずは積極的に情報収集からはじめましょう。

面接官のホンネ

この言葉はイラッとします㉑ ▸▸「参謀タイプです」

基本的に参謀は社内で育て上げるものなので、転職者には「先頭を切って周囲を引っ張ってくれる人」を求めています。これを言われると、「自分で率先して仕事する意欲のない人」と感じてしまいます。

希望が叶う面接のポイント

▼希望を伝えるときの注意点

応募者

人間関係がいい会社に入りたい！

▶抽象的な表現だと、あなた自身に原因があったと思われることも。なにがどう合わなかったかを具体的に伝える

前の職場の人間関係は最悪だった……

▶他人の批判ばかりでは、被害者意識が強い人という印象をもたれる。事実だけを的確に伝える

上司との相性が悪い……

▶「上司＝その会社のすべて」ではなく、それだけでは退職理由にはならない。異動交渉などの努力もしたうえで、それでも解決できなかったと伝えよう

▼希望が叶う考え方

どんな問題にも具体的な原因と自分の責任は存在する

感情にとらわれずに、冷静に考え、客観的にとらえる。他人批判に走らないように。

「退職理由」の伝え方

▼〝人間関係〟という言葉に逃げない

〝人間関係〟を退職理由に挙げるのは抵抗がある人は多いようです。たしかに、そのまま話せば「協調性がない人」という評価を受けることもあるでしょう。

しかし、転職先で同じ問題を抱えたくなければ、退職理由は正直に伝えるべきです。ほかの理由を答えても面接官には見抜かれてしまうでしょう。

これは、**〝人間関係〟という曖昧な言葉でくくるから誤解を生むのです。**「働き方」や「評価方法」「考え方」「価値観」など、上司や同僚と、なにがどう合わなかったのかを整理し、具体的に伝える必要があります。

▼「自分は悪くない」と主張するのはNG

面接官は、応募者の話の裏側にある真実を見ようとします。上司の考え方や働き方が間違いだと思っても、「自分は悪くない」と主張すると、あなたの評価は下がるばかりです。

面接ではあくまで〝事実〟を語るだけにしましょう。「正しい」「間違っている」ではなく**客観的に事実を話す**ことが大切です。

そして、ここでこそ**〝自責の念〟が重要になります。**「自分には本当に落ち度はなかったのか」と自問自答してください。

事実と反省点を正直に伝えれば、どこに非があるのかはおのずと面接官にも伝わります。

面接官のホンネ

この言葉はイラッとします㉒ ▸▸「上司には相談していません」

じつは転職って、現状から逃げるためのいちばん簡単な手段でもあるんです。そのため、上司と相談するなど、環境を変えるための努力もせずに転職の道を選んだ人は、困難から目を背けて逃げ出す人と感じてしまいます。

事実をありのままに伝える

▼“人間関係”でごまかすと納得してもらえない

面接官

どうして退職しようと思ったのですか？

応募者

じつは、今の会社は人間関係が悪く、そのために退職を決意しました。
とくに上司がちょっと問題がある人でして、風通しが悪く、不当に低い評価をされています。

上司が悪いようだけど、きっと上司にも考えがあるはず。
反対に、この人に問題があるということはないのかな？

▼批判はせず、事実を具体的に語る

面接官

どうして退職しようと思ったのですか？

応募者

じつは上司との考え方の違いに悩まされていまして、それで退職を決意しました。
上司は体育会系の人でして、会社規定の目標とは違った観点で働きぶりを見られるため、充分な評価を得られず毎日怒鳴られていました。
もう少しこちらから歩み寄るべきでしたが、今から溝を埋めるのは難しく、退職を決めました。

それはたしかにたいへんだったみたいだ。
この人は論理的な考え方の上司のもとなら、実力をさらに発揮できそうだな。

事実を具体的に話せば、
どこに原因があるかは伝わる

「志望理由」の伝え方

▼企業理念や風土の魅力に言及する

人間関係が原因で退職を決意したのなら、志望理由では志望企業の風土や理念にも言及すると効果的です。下調べでそれらを読み取り、その点に魅力を感じたと伝えると説得力が増すでしょう。

たとえば今の職場の人間関係の希薄さが転職理由なら、「御社のチームワークを重視する理念に魅力を感じた」と伝えます。反対に馴れ合いがいやで転職するのなら「成果主義という働き方に魅力を感じた」と伝えると、退職理由との一貫性もでます。

企業理念などから感じた社内風土にひかれて転職を希望していると伝えましょう。

▼コンサルタントから情報を得る

企業内の人間関係は、ある程度ならホームページや経営理念を見ればわかりますが、**より深い情報がほしいならキャリアコンサルタントに相談するとよい**でしょう。

中小企業やオーナー社長の場合は、社長の性格も社内の人間関係にかかわってきます。コンサルタントのなかには、そういった情報をつかんでいる人もいます。

コンサルタントに相談する際は、包み隠さず、本音を素直に伝えることが大切です。本音を隠して相談すると、コンサルタントにあなたの考えが伝わらず、適切な企業を紹介してもらえなくなってしまいます。

面接官のホンネ

この言葉はイラッとします㉓ ▸▸「協調性があります」

協調性があるかどうかは他人の評価で決まることであり、自分では判断できないものです。それに、なにをもって「協調性がある」と言えるのかわからないアバウトな言葉でもあるので、それで評価が上がることはありません。

事前情報から人間関係をイメージする

▼人間関係にもふれないと納得してもらえない

面接官

応募者

弊社を志望した理由は何ですか？

御社の商品は全国的に広く愛用されており、今の会社の仕事よりもやりがいを感じられると思い、志望しました。

退職理由にあった人間関係の話はどこにいったの？
あれは辞める口実だったのかな？

▼事前に得た情報から雰囲気をイメージする

面接官

応募者

弊社を志望した理由は何ですか？

御社ホームページの経営理念に「チームワークを大切にしている」と書かれていたからです。
殺伐とした今の職場と比べ、部署内で協力し合い、お互いに支え合う働き方には魅力を感じます。
お互いに欠点を補い合うことで、効率よく成果を出せるとも感じました。

うちの社風をよくイメージできているな。
きっと長く働いてくれるだろう。

実際の働き方をイメージしたうえで志望すれば、企業も安心して採用できる

人間関係が原因で転職する人

面接で聞いておきたい質問

▼募集理由から環境がわかることも

職場の人間関係は、実際に一緒に働くことになる人や上司との相性がとくに重要です。選考の過程で配属予定部署の人が面接官として登場することもあるので、その人とのフィーリングも、判断するうえでの重要な要素と考えましょう。

また、質問によってわかることもたくさんあります。

たとえば、**「今回の募集の理由」を聞いてみる**こと。業績好調による増員なのか、退職者が増えたことによる補填なのか、理由から社内の環境がある程度感じとれるでしょう。

▼異動のしやすさも聞いておく

人事異動についても尋ねておくとよいでしょう。「人材の成長のためにも異動は推奨しており、希望を出せばおおむね異動できます」という反応なら、もしまた相性が悪い上司にあたっても解決の余地があります。

反対に、部署はほとんど固定で異動はほぼ不可能ということなら、前職と同じ不満を抱える可能性は高いかもしれません。

結局のところ、職場の人間関係は実際に働いてみないとわからないものです。

そのため、**予防策としてこういったことも聞いておくと、転職をくり返すおそれは少なくなるでしょう。**

面接官のホンネ

この言葉はイラッとします㉔ ▸▸「どんな社風ですか？」

これを聞かれると、なにをどう答えればいいかわからず困ってしまいます。主観で答えても、社風の感じ方は人によって異なるので参考にはならないでしょうし。気になるのならキャリアコンサルタントなど外部の人に聞いてみては？

人材募集の経緯を尋ねてみよう

▼人材募集の背景を聞いてみる

最後になにか質問はありますか？

今回の人材募集には、どういった背景があるのでしょうか？

じつは3人ほどバタバタと退職してしまい、人手不足なのです。

もしかしたら職場の人間関係がうまくいっていないのかも……

▼リカバリーが効くかどうかを探る

最後になにか質問はありますか？

御社では、異動の希望は出せるのでしょうか？

弊社の人事異動は、基本的にはありません。

また相性が悪い上司にあたったときに、解決する手立てがないな……

人間関係は入社してみないとわからないので、
もしものときの対策を探っておくと安心

その他の人へのアドバイス

正規社員になりたい人

▼志望理由は事情まで話す

給与や将来性などの面から見て、正規社員が魅力的に映るのは当然でしょう。

志望理由が「給与を上げたいから」「安定したいから」だけでも充分伝わりますが、この場合は**「なぜ給与を上げたいのか」「なぜ安定したいのか」も説明できると説得力が高まります。**将来設計も交えて話すと、「しっかり考えた結果の選択」ということが伝わります。

また、その企業でなくてはいけない理由も必須です。職務内容や福利厚生、各種手当など様々な面から検討した結果、希望に合っていると感じたと話すと真剣度が伝わります。

▼やる気のアピールがいちばん大事

自己アピールでは、入社希望の企業で活用できそうなスキルや経験があれば伝えます。ただし、未経験の仕事を希望している場合は、スキルをとりつくろったり、無理に接点をアピールしたりする必要はありません。こじつけと思われて、「職務内容を理解していない」ととられることもあります。

この場合は、やる気や吸収力をアピールするとよいでしょう。面接官があなたに求めているのは、正規社員として何事もやりきる〝責任感〟です。**過去になにかを学んだ経験や、全力で取り組んだエピソードなどを伝える**と、説得力が増します。

面接官のホンネ

この言葉はイラッとします㉕ ▸▸「ご存じないかもしれませんが」

これは、単純に上から目線でイライラします。それに、もしこちらが知らないようなことであれば、知識がなくてもわかるような言葉に置き換えて話してください。それが、「コミュニケーション能力が高い」ということです。

正規社員になりたい人の伝え方のコツ

▼接点をこじつけても納得してもらえない

弊社に貢献できることはありますか？

私は現在ドラッグストアでアルバイトをしています。人気商品を把握し、商品レイアウトの提案をしたことで、売上を伸ばしたこともあります。
この、顧客のニーズを探るスキルは、御社の営業の仕事でも活かせると思います。

営業では聞き出すスキルが求められるからなあ……
うーん、本当に貢献できるのかな？

▼やる気のアピールを忘れずに！

弊社に貢献できることはありますか？

私は現在ドラッグストアでアルバイトをしています。積極的に先輩や社員に教えをこい、その内容をノートにまとめるなどし、1年で社員同等の仕事を任されるようになりました。
営業の仕事は未経験ですが、いち早く仕事を学び、御社に貢献できるようになります。

今はスキルはなさそうだけど、やる気や学習意欲はありそうだな。

なにかを学んだ経験や取り組んだ経験で
学習意欲と責任感の強さのアピールを

その他の人へのアドバイス

勤務地を変えたい人

▼Uターン転職なら悩む必要なし

近年の地方活性化の流れも受けてか、勤務地を変えるために転職する人が増えています。

勤務地を変えたいという転職理由の場合、面接官が気にするのは「長続きするかどうか」です。せっかく採用したのにすぐ辞められては困りますし、遠くから移ってきてくれるのに、仕事や環境に馴染めず辞めてしまっては申し訳ないと考えているからです。

この点で考えると、出身地に戻る**Uターン転職はその後長く勤める人が多いため、面接官にも好まれます。**Uターン転職の場合は、事情も含めてその旨をしっかり伝えましょう。

▼Iターン転職なら覚悟を伝える

一方、縁もゆかりもない地に移るIターン転職の場合は、「観光気分で考えているのでは」と、見られるおそれもあります。

そのため**Iターン転職を希望する人は、軽い気持ちではないということを伝えましょう。**その土地を選んだ理由や、ずっと生活していく覚悟があることなどを伝えると、説得力が増します。

生活圏が大きく変わる場合は、転職後に家族と意見が対立することもあります。家族としっかり相談し、同意を得たうえで転職活動をしましょう。面接でも、家族の同意を得ていると伝えるとよいでしょう。

面接官のホンネ

この言葉はイラッとします㉖ ▸▸「ご存じかと思いますが」

「ご存じないかもしれませんが」とは反対に、知っていて当然という話しぶりもイラッとします。相手が知らなかった場合は反感を買うでしょう。相手の認識や知識の範囲を適切に察するのが、できるビジネスパーソンです。

勤務地を変えたい人の伝え方のコツ

▼Uターン希望者は「事情」を話す

面接官

どうして移住してまで転職するのですか？

応募者

両親が高齢になってきたので、実家に戻り、そばにいて安心させてあげたいと思ったからです。
まだ介護が必要な年齢ではないのですが、今のうちに働く拠点を変えておこうと思い、決心しました。

Uターン転職なら、長く働いてくれそうだな。

▼Ｉターン希望者は「準備」と「覚悟」も話す

面接官

どうして移住してまで転職するのですか？

応募者

縁もゆかりもない土地でしたが、5年前に初めてきたときに、街にひと目惚れしたからです。
長期休暇を利用してこちらに滞在したこともあり、移住のイメージがつかめました。
家族も連れてきたところ、移住に賛成してくれたので、転職を決意しました。

この地域でのくらしをイメージできているなら、
すぐに辞めるということはなさそうだな。

具体的な準備や周囲の賛同を伝えれば、
すぐに辞めるとは思われない

その他の人へのアドバイス

前の会社をクビになった人

▼リストラは正直に伝えてOK

現代では、**「リストラされた人＝評価の低い人」と思われることはほとんどなくなりました。**なぜなら、会社の業績不振や吸収合併、外資系企業との提携などにより、本人の実力や評価とは関係なく、部署自体が消滅したり売却されたりすることがめずらしくないからです。したがって、この場合は正直に伝えて問題ありません。

小規模なリストラの場合には、年齢や勤続年数など、どういう人が対象になったのかまで伝えると余計な疑いをもたれずにすみます。

会社への愚痴を吐くのではなく、よき機会ととらえプラスの姿勢で面接に臨みましょう。

▼焦りは禁物！　じっくり検討すること

失業に焦りを感じて、なるべく早く転職先を決めようとする人は少なくありません。しかし、焦りは禁物。リストラされた直後は、転職エージェントからアプローチを受けることもありますが、安易に転職先を決めるのは考えものです。

前職できちんと結果を出している人であれば、その実績に見合った仕事が確実にあります。**転職まで期間が空いたとしても、次の仕事を吟味するための期間だったと伝えれば、面接官も納得してくれます。**様々な企業をじっくり検討し、納得できる転職をしてください。

面接官のホンネ

この言葉はイラッとします㉗ ▸▸「先ほども言いましたが」

これを言われると、面接官は「あれ？ そうだっけ？」と焦ります。「何度も聞かないで」というニュアンスも伝わり、面接の雰囲気も壊れてしまいます。同様に、「履歴書にも書きましたが」というのも避けてほしいですね。

会社をクビになった人の伝え方のコツ

▼前の会社の不平不満は言わないこと

面接官

どうして前の会社を辞めたのですか？

応募者

じつは、リストラされたんです。

それまで一生懸命働いていたのに、ちょっと業績が悪くなっただけで、部署ごとお払い箱にされました。ほかの部署には私より仕事ができない人もいるというのに、本当に腹が立つ話です。


会社だって好きでリストラしたのではないはず。

自分中心的な考え方しかできない人だな。

▼自分に責任がないなら事実を伝えるのみに

面接官

どうして前の会社を辞めたのですか？

応募者

じつは、リストラされたんです。

業績不振によって私のいた部署が解体となり、40歳以上の社員の50%がリストラとなりました。

これをよい機会ととらえ、より働きがいが感じられる会社に転職したいと思っています。


部署自体がなくなったのならしかたがない。

この人の働きぶりに問題があったわけではなさそうだな。


それとなく“しかたがなかった”ということを伝え、自分に非がなかったと感じてもらう

その他の人へのアドバイス

不正に耐えられずに転職する人

▼不正という直接的な表現は避ける

今の会社が不正やそれに近いことをしていて、受け入れることができず転職を決意する人もいます。しかし**〝不正〟という言葉はビジネスパーソン、とくに経営者にとっては衝撃的な単語**です。直接的な表現は避けて伝えましょう。

たとえば、「一人のビジネスパーソンとして自分の許容範囲を超えることが横行していたため、転職を決意しました」など。これだけでも面接官には充分伝わります。

「どんなことが行われていたのですか？」と聞かれたときは、守秘義務にふれない範囲で具体的に話してかまいません。

▼不正があっても自責の念は忘れない

ただし、今の会社がいかに悪いかを熱弁するのは考えものです。その会社を選んで入社し、指示に従ってしまったあなたにも責任がまったくないとは言いきれないからです。

それに、**面接官は応募者の話を疑心暗鬼で聞いています。**

「自分は悪くなかった」と主張したところで、言い訳がましく聞こえ、〝責任逃れ〟〝被害者意識〟といった印象を与えかねません。

たとえしかたがなかったとしても、「会社の指示に従った自分にも責任があった」と、自責の念をもってその気持ちを伝えましょう。

面接官のホンネ

この言葉はイラッとします㉘ ▸▸「前職では〇〇を学びました」

職務経歴を話すときに、「前職では◯◯を学びました」と言う人がいますが、会社は学校ではないのでやめましょう。同様に、「2009年にA社を“卒業”し……」というのももってのほかです。それは卒業ではなく退職です。

不正に耐えられず転職する人の伝え方のコツ

▼不正という言葉では納得してもらえない

面接官

応募者

どうして退職するのですか？

前の会社は、不正な方法で売上を稼ぐひどい会社だったからです。

社員全員がそれを見て見ぬふりをしていました。

私は止めようとしたのですが、聞く耳をもってもらえませんでした。

上からの圧力もあり、従うしかありませんでした。


結局自分も従っていたのか。

自分は悪くないという口ぶりだけど、本当かな？

▼その会社の一員だったことは忘れないように

面接官

応募者

どうして退職するのですか？

今の会社では、ライバル商品の悪評をいろんなネットサイトに書き込むということが常態化しています。

最初は一部の社員がはじめたことでしたが、その段階で食い止めておけばよかったと、後悔しています。

上司の指示とはいえ、従わざるを得ない状況に耐えきれず、転職を決意しました。

自分の責任もしっかり感じているようだし、
きっと責任感のある人なのだろう。

**具体的に話し、反省を伝えることで、
事実を理解してもらえる**

面接直前チェック！

第5章のまとめ

▼希望を伝えるには“動機”と“根拠”が必要

たとえば、単純に「給与を上げたい」とだけ希望しても、

「なぜ給与を上げたいの？　軽い気持ちで言っているだけでは？」

「うちがその希望を叶えてあげる理由はどこにあるの？」

などと思われ、面接官に理解してもらえません。

そのためには、“動機”と“根拠”の両方を伝える必要があります。

▼転職の目的や希望は伝え方に気をつける

❶ 給与を上げるために転職する人

「自分には給与を上げてもらうだけの価値がある」とアピールするのはNG。給与アップの根拠と、給与アップ分の働きをする覚悟をしっかり伝えましょう。

❷ キャリアアップのために転職する人

未経験の仕事を希望するのは考えもの。今のスキルを活かして貢献したうえで、新しいスキルを身につけたいと伝えます。現状のスキルをアピールするのを忘れずに。

❸ 業界を変えるために転職する人

業界を変える理由を論理的に話します。将来性のある業界を志望する場合は、自分の力でその業界をさらに盛り上げる心意気で。職種は今のスキルが活かせるものに。

❹ 職種を変えるために転職する人

ゼロからのスタートになるため、給与ダウンは覚悟しましょう。それを承知のうえで志望していると伝えます。熱意と現在行っている準備を伝え、真剣度のアピールを。

❺ 働き方を変えるために転職する人

今の働き方がなぜ不満で、どういった働き方を求めるのかを明確に伝えます。将来のライフプランも考えたうえでの希望であると伝えると説得力が増します。

❻ 人間関係が原因で転職する人

“人間関係”という言葉でごまかさずに、具体的に誰となにが問題になったのかまで伝えます。周囲の責任にせず、自分の行動も省みて、反省の気持ちも伝えましょう。

第6章

話し方以外で気をつけること

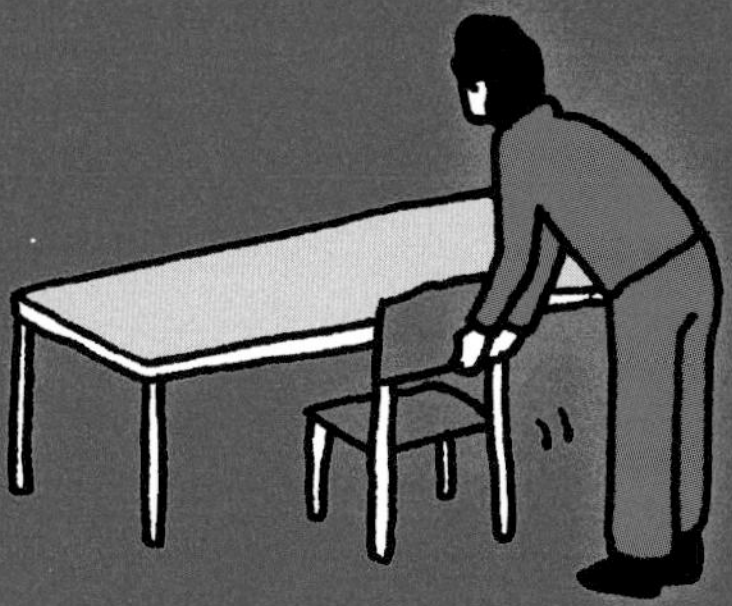

ありのままでいいのは会話の内容だけ！マナーはしっかりおさえる

面接では本音で話してよいと言いましたが、飾ることなく正直でよいのは会話の中身だけです。ビジネスパーソンとして、マナーはしっかりおさえる必要があります。

服装や面接中のマナーはもちろん、面接の部屋に向かうまでのあいだのふるまいや、さらには面接日程を決めるやりとりの段階からも、あなたの行動は審査されています。

実際に、面接の評価がよくても、その他の評価によって採用に至らなかったというケースはけっして少なくありません。それほどまでに、〝面接外面接〟の評価は重要なのです。

そこまで厳しくマナーを評価するのは、あなたのビジネスパーソンとしてのセンスや成熟度を見極めるためです。「この人は取引先に対してどういった対応をするのか」など、会社の一員として迎え入れるにふさわしいかどうかを判断しているのです。

ふだんの仕事と同じ緊張感をもち、礼節のある対応を心がけましょう。

転職面接だからこそマナーが重視される

学生（新卒採用）なら……

話し方が
たどたどしい

正しい敬語
を使えない

姿勢が
悪い

入退室のマナー
ができていない

→

- まだ若いからしかたない
- そもそも応募者が多すぎて誰が誰だかわからない
- 入社してから研修で学んでくれればいい

↓

それほどマイナスにはならない

中途採用だと……

服装がラフ
すぎる

メールの
返信が遅い

面接に
遅刻する

面接官が入室しても
お辞儀をしない

→

- 取引先に迷惑かけるのでは？
- 非常識な人では？
- 基本的なマナーから教えなきゃいけないの？

↓

大きなマイナスになる

ビジネスパーソンとしてふだんの仕事と
変わらぬマナーを心がけよう

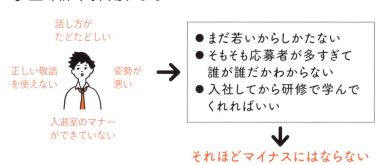

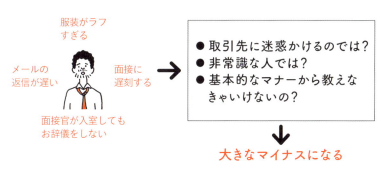

話し方以外の注意点❶

面接の前に気をつけること

▼"日程調整スキル"は最重要事項

電話の受け答えやメールの書き方などは当然ですが、意外と見られているのが、「面接日程の決め方」です。

なかなか日程を合わせられないと、ビジネススキルが低いと評価されます。「メールにはすぐ返信する」「面接候補日は複数提示する」などを心がけ、スムーズな日程調整を目指しましょう。

もし面接可能な日がわずかしかないときは、お詫びの言葉を伝えたうえで、その候補日をはっきりと示しましょう。そのほうが、スムーズに日程を決められ、お互いのためになります。

▼提案には最大限こたえる努力を

企業側にも都合があり、やむを得ず平日の日中での面接を提示されることもあります。しかしここで「仕事があるので無理です」では、相手をがっかりさせます。

あなたに仕事があるのは、企業側は百も承知です。そのうえで、**提示に対してどれくらい努力や協力をしてくれるかも見ているのです。**たとえ難しそうでもすぐには断らず、仕事の予定をずらす、半休をとるなどの方法を検討しましょう。

目の前の仕事に追われずに、自分が本当に優先すべきはどちらかを判断しましょう。

ここも見てます！❶ ▸▸企業に合った服装かどうか

基本的なビジネスマナーをおさえるのはもちろんですが、ある程度面接先の企業の雰囲気に合った服装を選んでください。フランクな職場なのにリクルートスーツで臨まれると、ちょっと距離を感じてしまうので……。

第一印象は日程調整で決まる

▼返信内容には充分注意して

佐藤様
この度は弊社にご応募くださりありがとうございます。
つきましては、面接日程を調整させていただきます。
以下の日程より、ご都合のよいお日にちをお選びください。
ご都合がつかない場合はお知らせいただければ、再度調整いたします。

2月10日(月)10:00〜11:00
2月12日(水)15:00〜16:00
2月14日(金)10:00〜11:00

株式会社○○　人事部　田中太郎

✕ 平日は休みがとれないので、夜か土日でお願いできないでしょうか？

相手も土日はお休みです。平日であっても対応できるスケジュール調整力が試されています。

✕ 都合がつかないので、ほかの週でお願いできませんか？

可能な日がわずかしかないときは、自分の都合もある程度伝えると、企業側も検討しやすい。

✕ [2月7日(金)になってから] 2月10日(月)でお願いします。

返信が遅いのはNG。日程調整に時間がかかるなら、いつまでに確定できるか伝えよう。

相手の都合を第一に考え、できるかぎり合わせる努力をする

話し方以外の注意点❷

面接当日に気をつけること

▼目に見えないポイントに要注意

商談などで企業を訪問するときと同様に、身だしなみやビジネスマナーはもちろん、目に見えない部分でも相手への気遣いを心がけましょう。

たとえば、到着時間には細心の注意を。面接官は、面接の時間までは自分の仕事をしています。**遅刻はもってのほかですが、早すぎるのも相手の予定を狂わせるのでNG。**約束の2～5分前に着くのが理想でしょう。

ほかにも、面接前にリラックスするために吸ったタバコのにおいや、香水のにおいにも注意を。

▼案内係の意見が合否を左右することも

オフィス到着後は、**面接の部屋までアテンドしてくれる案内係への態度も重要です。**案内係の意見を参考に合否を検討する面接官もいるほど、あなたの〝素〟の態度も重視されるのです。

面接では、「入室時はノックを」「面接官がきたら立ち上がってお辞儀する」などの基本マナーも忘れずに。

また、緊張感から解き放たれた安堵からか、イスを机のなかにしまわずに退室する人などもいます。致命傷にはなりませんが、締めの印象は大きく残ります。会社を出るまで気を抜かないよう心がけてください。

面接官のホンネ

ここも見てます！❷ ▸▸メモをとっているかどうか

面接中にこちらが話した内容をメモしている人は、志望度が高いと感じますね。とくに、質疑応答の質問に答えたのにメモをとっていないと、「本当に聞きたいことではないのかな？」と疑ってしまいます。

目に見えない落とし穴はいっぱいある

▼話し方以外で気をつけたいポイント

①におい

不快感を与えないよう、タバコや香水、口臭などのにおいには要注意

②到着時間

早すぎても迷惑なので、約束の2～5分前に着くのがベスト

③案内係への態度

案内係や秘書にも意見を求める面接官は多いので、丁寧な態度で接する

④気遣いやマナー

面接後に使ったイスを元に戻すなど、気遣いやマナーも大切に

お辞儀の角度やノックの回数などよりも、
うまく仕事をするための気遣いが重視される

話し方以外の注意点③

面接後に気をつけること

▼内定後の対応も気を抜かない

面接後、長文のお礼メールや手紙を送る人もいますが、やりすぎると面接官は「面倒くさそうな人だな」と感じます。お礼は軽いメール程度にとどめておきましょう。

また、新卒内定とは異なり、転職の内定には期限があります。**内定の連絡をもらったら、その場で即答するか、遅くても1週間以内に返事をすると心得てください。**

どうしても待ってもらいたいときは、「少し考える時間がほしいのですが、どれくらい待ってもらえますか?」と伺いを立てます。ですが、なるべく早く返事をするに越したことはありません。

▼退職交渉は内定先と相談しながら

若手ビジネスパーソンの場合、入社までの期間は基本的に最大2か月です。

とはいえ、確証のない空約束をするのもいけません。事情や予定を正直に伝え、あくまで目標として入社日を設定し、その目標に向けて社内交渉を進めましょう。

内定をくれた会社はあなたの味方です。報告や相談をしながら退職交渉を進めるとよいでしょう。もし入社日を延期せざるを得なくなった場合は、すぐに連絡を。

また、「転職はボーナスが出てからにしたい」というのも無理な希望ではありません。内定先の企業に相談するとよいでしょう。

面接官のホンネ

ここも見てます！③ ▸▸社内交渉力があるかどうか

入社の先延ばしは、基本的にはあり得ません。内定を出した企業は、「こちらとの約束どおり会社を辞める社内交渉力」があるかどうかも見ています。そして、それは転職後の評価にも少なからず響くと思っていてください。

内定が出たあとも油断しない

▼内定後の流れと気をつけたいポイント

内定

↓

内定の返事は1週間以内に

基本は即決。最大でも1週間以内には返事を

難しいときは 事情を説明したうえで、いつまで待ってもらえるかを確認する。

入社時期の調整

↓

入社までの期間は2か月以内に

引き継ぎ業務なども含め、2か月以内が理想

難しいときは 確証がとれないなら確定はしない。目標として設定し、退職交渉を進めていく。

退職交渉

↓

内定先企業には頻繁に連絡や報告を

転職後の評価にかかわるため、内定先から書類や連絡などを求められた際はできるだけ迅速に対応を

こんなときは わからないことや、退職交渉でうまくいかないことなどは、内定先の人事に相談を。

入社

入社までの行動は転職後の評価に響くので
内定後も気を抜かないように

面接直前チェック!

第6章のまとめ

▼新卒面接以上にマナーには気をつける

入社後に育てる意識がある新卒採用に対して、中途採用の場合は現状の姿だけで、社員としてふさわしいかどうかが判断されます。
面接でのふるまいや言動の印象は、
そのまま入社後の働き方のイメージにも直結します。
ふだんの仕事のときと同様に、マナーには気を配りましょう。

▼話し方以外で気をつけるべきこともある

❶ 面接の日程調整はスマートに

面接の日程調整の段階から、あなたの評価ははじまります。すぐに返信したり複数の候補日を出したりとスムーズな日程調整を心がけ、平日でも対応する努力をしましょう。

❷ タバコや香水のにおいに気をつける

面接前の一服のにおいが残り、面接官にいやな思いをさせることも。緊張をほぐしたい気持ちはわかりますが、相手への気遣いを優先しましょう。

❸ 到着時間は約束の少し前に

約束の2～5分前に到着するのがベストです。電車の遅延や道に迷うことなども考慮して、会社の前には余裕をもって到着しておきましょう。

❹ 案内係にも丁寧に対応する

面接官のなかには、案内係の意見も参考にして採用を考える人もいます。会社の前についたら、そこからの言動はすべて審査されていると思いましょう。

❺ 面接終了後も気を抜かない

緊張の面接が終わったからと気を抜いては、評価を下げます。会社を出るまでが面接と思い、退室や挨拶など、去り際も丁寧で礼儀正しく。

❻ 内定から入社までもスマートに

入社までの行動は、転職後の評価に響きます。入社するまでが転職活動と考え、内定後の退職交渉も気を抜かず、スムーズに入社できるよう努めましょう。

第7章

自分に合った企業の探し方

採用にならなかったときは企業の探し方に問題がある

面接で本音で話したのに受からなかった、ということもあるでしょう。しかしこの場合は、落ち込んだりすぐに自分の希望を変えたりする必要はありません。伝え方に気をつけて本音を話したのに採用に至らなかった場合、その原因は面接の内容にはないからです。

採用に至らないパターンは大きくふたつに分けられます。ひとつは、単純に応募者のなかにあなたよりも優れたスキルや実績をもつ人がいた場合です。企業がより高いスキルをもっている人を求めるのは当たり前です。あなたに落ち度はないので、まったく気にしなくてＯＫ。そのままの姿勢で次の面接に臨みましょう。

もうひとつは、企業があなたの転職目的に合っていなかった場合です。会話がかみ合わなかったり、面接後にどこか心に違和感が残っているときは、こちらのパターンです。この場合は、１６２ページ以降の「自分に合った企業を見極めるコツ」をおさえましょう。

不採用の原因は2パターン

①ほかにもっと優秀な人がいた

- 海外出張経験あり
- TOEIC 680点
- 部内月間MVP

→ 不採用

あなたに落ち度はない

- 海外勤務経験あり
- TOEIC 860点
- TOEFL iBT 98点

→ 採用

そのまま活動を続けてOK

スキルアップをするのは効果的！

②あなたの目的に合った企業ではなかった

希望

- 年収550万円
- 残業月40時間
- フレックス制

→ 不採用

希望が叶わない転職は意味がない

条件

- 年収450万円
- 残業月60時間
- 定時勤務

企業の探し方を見直す

希望の内容を見直してもOK

転職の目的に合った転職活動のしかたがある

転職がなかなかうまくいかず相談にきた人の話を聞くと、転職目的と応募している企業が矛盾していることがよくあります。転職サイトには様々な企業があるため、なにを基準に選べばよいかわからず、つい大手から手当たり次第に受けてしまうのです。

しかし、退職理由や転職目的と整合性のない企業選びをしても意味がありません。たとえば、給与を上げたいのに未経験の仕事に応募したり、スキルアップしたいのにこれまでと関係のない仕事を志望したりするなど、面接官から見ると「それならなぜ当社を受けたの？」と感じてしまう人が多くいます。

転職活動は、企業選びがいちばん大事といっても過言ではありません。転職の目的を叶えるのに適切な企業に応募さえすれば、あとは正直に話せば受かります。

左ページにある転職目的ごとの企業の選び方を参考に、適切な企業を探してみましょう。

目的別　転職活動のアドバイス

給与を 上げたい人	即戦力になれることが絶対条件。今までのスキルを活かせるように、同業界でより大手を目指す。また、現在二次請け、三次請けの企業にいるのなら、より川上の企業を目指す。
スキルアップ したい人	現在のスキルも活かせるように、今までの仕事と関連した仕事を選ぶ必要がある。業界を変えたとしても、職種は変えず、現在の職務内容と関連した仕事を志望するとよい。
業界を 変えたい人	今までのスキルを充分にアピールできるように、職種は大きく変えるべきではない。この場合は、業界を変える理由と矛盾しない企業選びをすることが大切。
職種を 変えたい人	業界は変えないほうが好ましい。志望する職種は、今の会社にはない職種だと話に矛盾がない。今の会社にもある職種を志望する場合は、自社内での異動ではだめな理由が必要。
働き方を 変えたい人	激務といわれる出版やサービス業界にいて、自由な時間を手にするために転職する場合など、理想の働き方が今の業界や職種の常識と異なる場合は、他の業界や職種を目指してもよい。
人間関係を 変えたい人	ホームページや平均年齢、離職率などのデータ面からわかることもあるが、表面的には判断しにくい。人材紹介会社など、企業の内情がわかる人に相談するのがいちばん確実。

企業選びは転職活動でいちばん大事なところ

退職理由や転職目的と矛盾しない企業選びをする

自分に合った企業を見極めるコツ①

思い込みや先入観を捨てる

▼違和感を無視しない

不採用になった企業の面接では、「こちらの経歴やスキルによい反応を示してくれなかった」「希望を伝えたら相手の顔が曇った」など、コミュニケーションに違和感をもった場面もあったのではないでしょうか。

この場合は、その企業はあなたの希望や価値観に合う企業ではなかったといえます。そういった企業に転職しても後悔していたはずなので、落ち込む必要はありません。

ただしこれは、正しい企業を選べていなかったあなたにも責任があります。**自分の転職目的や条件を見直し、それに合った企業を見つけましょう。**

▼信頼できる情報のみを信じる

転職目的に合った企業を見つけるためにいちばん有効なのは、徹底した情報収集です。その際は、思い込みや先入観を捨てることが大切です。

世間や他人のうわさ話、ブランド（大企業）志向、そしてインターネットでの口コミなどは、転職者の目をくらませます。**不確かな情報を信じた結果、企業の本当の姿が見えなくなるのです。**

出所がわからない情報や、二次情報を鵜呑みにしてはいけません。企業自身が発信している公式情報や、実際に働いている人の言葉など、信頼できる情報を集めましょう。

面接官のホンネ

ここも見てほしい！❶ ▸▸会社四季報

四季報や決算書を見て、売上や一人当たりの利益、株主への還元なども見てもらえると、企業の姿をつかめるはずです。そのうえで、面接で「御社の有価証券報告書では～」などと話してもらえると、評価はグッと高まりますね。

信じてよい情報といけない情報

▼思い込みが企業の真の姿を隠してしまう

▼信頼できる情報を集める

信頼性（高↑ ↓低）

高　出所が確かな情報

・企業ホームページ
・経営者の著書

ホームページはかならずチェックを!

ある程度信頼できる情報

・キャリアコンサルタントの話
・ビジネス系雑誌

コンサルタントは資格の有無や経験を要チェック!

低　真偽が不確かな情報

・人のうわさ話
・インターネットの書き込み

とくに退職者の話はあてにならない!

量と質を両立した情報収集をする

自分に合った企業を見極めるコツ❷

ホームページをくまなくチェック

▼ホームページは企業からのメッセージ

転職希望者が意外とおろそかにしがちなのが、ホームページのチェックです。

ホームページには企業からのメッセージが詰まっています。**企業理念の言葉遣いからその企業のマインドや風土が感じられたり、経営者の言葉から人材をどう考えているかがわかったりすることもあります。**

ほかにも、採用ページが充実している企業は、すぐに人が辞めてしまう企業なのか、それとも転職希望者を大事にしている企業なのかなど、感じとれることは多々あります。事業内容やデータだけでなく、隅々まで見て考えを巡らせるとよいでしょう。

▼データや数字は深読みする

企業のホームページでは、もちろんデータや数字もチェックを。その際は、ただ確認をするだけではなく、そこから会社の内情なども読みとってみましょう。

「創業からの年数が長いということは、経営が安定している代わりに新しいことはやりづらいかも」「売上は高いけど一人当たりの利益は少ないから、ボーナスは少ないかも」など、事前に予想を立てたうえで、面接で確認するとよいでしょう。

妄想でもよいので、**入社後の姿を具体的に想像して、楽しく働けるかどうかで判断するのもひとつの手です。**

面接官のホンネ

ここも見てほしい！❷ ▸▸社内の写真

ホームページに社内の写真や社員インタビューを載せている企業もありますが、ここからも社内の雰囲気や風土は感じとれると思います。入社後にガッカリしないように、しっかり見ておいてもらいたいですね。

企業ホームページからわかること

▼ホームページの情報から妄想をふくらませる

ホームページの情報

- 企業理念
- 業績（一人当たりの売上）
- 言葉遣いや言葉の選び方
- 創業年数
- 社内の写真
- 社員インタビュー
- 経営者の経歴

➡

妄想

- チームワークはあるのかな？
- 責任のある仕事ができるかな？
- 社長との距離は近いかな？
- 風通しはいいのかな？
- フロア内の会話はあるのかな？
- どういう人と一緒に働くのかな？
- どういう価値観の会社かな？

▼データや数字は深読みする

- 業界実績No.1

  （業界）↖どこの業界？　（No.1）↖なにに基づいた実績？

- 3年内離職率10％

  （3年内）↖3年以降は？　（10％）↖何人中の話？

想像してみて自分に合うかどうかを判断する

自分に合った企業を見極めるコツ③

コンサルタントを活用する

▼優秀なコンサルタントを見極める

自分に合った企業を探すなら、人材紹介会社を利用するのも有効です。優秀なキャリアコンサルタントは、部外者ではわかり得ない企業の内情や情報を知っています。まずは相談だけでもしてみるとよいでしょう。

しかし、**なかには転職者の希望を無視して話を進める人もいるので要注意。**

そこで、優秀なコンサルタントを見極めるポイントを紹介しておきましょう。

はじめに確認したいのは、社歴や経験年数の長さです。経験年数が長ければ長いほど、企業とのつきあいも濃く深く、多くの情報を蓄積していると考えられます。

▼具体的なアドバイスができる人か

そして、担当者が優秀かどうかを見極めるポイントは、具体的なアドバイスができるかどうかです。「次の面接官はどんな人なのでしょうか?」などと聞いてみて、**曖昧で抽象的なアドバイスしか出てこないようであれば、企業のことを把握していないと判断してよいでしょう。**キャリアコンサルタント2級（国家資格）やGCDF（民間資格）などの資格の有無も、目安となります。

コンサルタントに相談する際は、本音を包み隠さず話すことが重要です。ライフプランやプライベートの悩みも打ち明け、あなたに最適な企業を提案してもらいましょう。

面接官のホンネ

ここも見てほしい！③ ▸▸ CSR活動

ボランティア活動とも言い換えられるCSR活動には、その企業が世間にどう見てもらいたいのか、経営者がどのような問題意識や理念をもっているのかなど、企業の心があらわれています。かならず確認を！

優秀なコンサルタントの見極め方

▼コンサルタントに相談するメリット

・第三者の視点でアドバイスしてもらえる

→身近な人のアドバイスはどうしても保守的になりがち

・表面的ではない企業内部の情報をもっている

→ホームページなどからわかることには限界がある

▼優秀なコンサルタントを見極めるポイント

❶ 経験年数の長さ

→ 社歴や職歴が長いほど情報が蓄積されている

❷ 具体的な助言が出てくるか

→ 選考や社内情報などの具体的な質問に即座に答えられるかどうか

❸ 資格の有無

→ キャリアコンサルタント2級やGCDFといった資格をもっているかどうか

❹ 実績

→ その業界に長く勤めていて人脈が豊富など、得意とする業界があることも

優秀なコンサルタントを見つけ、すべてを打ち明けて相談する

希望や条件を柔軟に見直す

自分に合った企業を見極めるコツ ❹

▼目的や方法はアップデートする

面接では、企業の経営者や現場のエキスパートから貴重な話を聞けます。また、面接官からの質問に答えることで、今までは考えてもいなかったことに目を向けるよい機会にもなります。

その結果、**転職活動中に自分の考え方や価値観が変わり、転職の目的が変化するのは間違ったことではありません。**

面接官の反応を見て自分の考えを変えるのはいただけませんが、自分の気持ちの変化を無視したままでは、理想の転職はできません。一度立ち止まり、転職の目的や方法を見直すことも必要です。

▼選考途中でも志望度を見直す

たとえ選考中であっても、面接でのやりとりなどから感じた印象で、志望度を見直すことも大切です。事前の情報収集は重要ですが、「面接官の話し方や態度に違和感を覚えた」「社員の顔が暗く見えた」といった実際の印象を含めて判断することで、自分に合う企業を見極められます。

ただ、どれだけ慎重に判断しても決断には多少の迷いがともなうものです。そのため、**最終的には好き嫌いで判断してもよいと思います。**今まで生きてきた経験の蓄積でもある自身の価値観を頼りに、直感を信じて判断しましょう。

面接官のホンネ

ここも見てほしい！❹ ▸▸ **実店舗**

実店舗にもぜひ足を運んでいただき、できれば社員とも会話をしてみてほしいですね。扱う商品や客層なども把握できると思いますし、そこで職場の雰囲気もつかんでもらえれば、入社後のギャップもなくなるでしょう。

志望度を見直すタイミング

▼こんなポイントで志望度は変えてOK

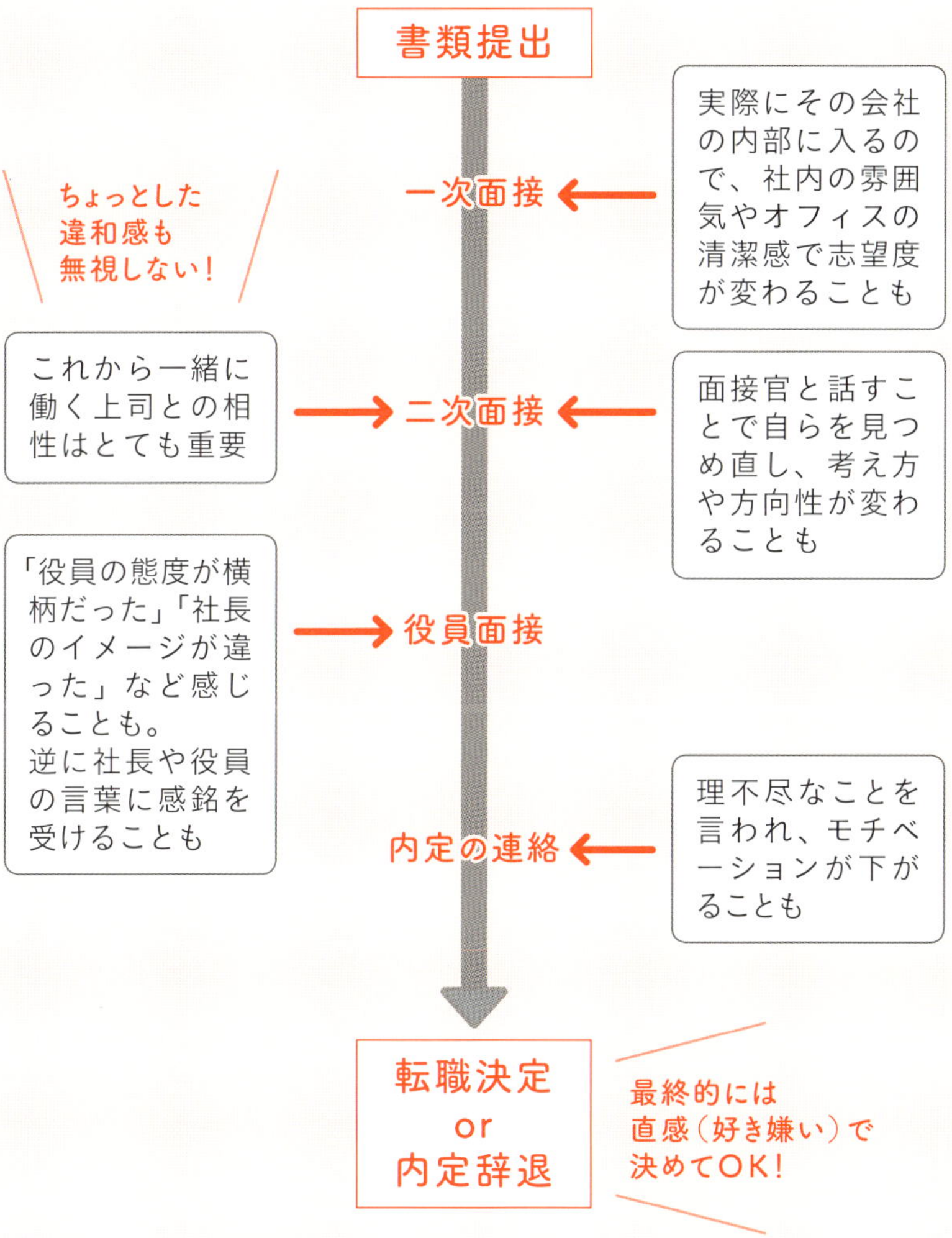

最後まで違和感なく進めた企業なら
きっと転職を後悔することはない

自分に合った企業を見極めるコツ⑤

転職しないという選択も考える

▼「今はそのときじゃない」ということも

本書の冒頭で、近年では転職は手軽になったと言いました。しかし、転職が人生における大きなターニングポイントであることには変わりありません。

そんな大きな決断で、**妥協をしたり一時の迷いや焦りから判断したりしては、絶対に後悔します。**不採用になったからと焦らず、希望や条件に合った企業の募集が見つかるまで、気長に探してみましょう。

その結果、「今はまだそのときじゃない」という結論になることもあるでしょう。しかしそれこそが、あなたが導きだした本当の答えなのです。

▼「転職する必要があるのか」を考える

本音で話したのに採用にならなかったり、いくら探しても自分に合った企業が見つからなかったりという場合は、**「転職しない」という結論を下す勇気も大切です。**

隣の芝生は青く見えるとはよくいったもので、一見よく見える企業でも、じつは今の会社と変わらなかったり、さらにたいへんな面があったりということは多々あります。転職活動をして初めて、自社の魅力に気づくというのも、めずらしいことではありません。

「転職しない」という選択肢をいつも心の中にもっておくことが、後悔しないために最も大切なことなのです。

面接官のホンネ

ここも見てほしい！⑤ ▸▸ オフィス

少しイレギュラーですが、気になる人は会社のオフィスを見に行くのもよいと思います。どういう場所でどういう人が働いているのかがわかりますし、夜に行けば勤務時間やどれくらいの人が残業しているかも確認できますね。

転職成功以外の正解もある

▼少しでも迷いがあるなら考え直す

なかなかよい企業が見つからない……

A社もB社も悪くないけど決め手にかけるなあ……

妥協して転職

・もっとよい会社があったかも
・前の会社のほうがよかったかも

→ 後悔する

立ち止まって考える

・転職の目的は？
・今すぐ転職する必要ある？
・今の会社のよいところは？
・今の職場では目的を達成できないの？
・今の会社と比べて内定先は魅力的？

→ 落ち着いて冷静に考える！

↓

やっぱり今の会社がいちばんいい！

「転職しない」という正解もある

第7章のまとめ

面接後にチェック!

▼不採用になったら企業の探し方を見直す

面接で本音で話したのに不採用になった場合、
その企業はあなたの転職目的に合っていなかったのかもしれません。
募集要項以外にも、企業の情報を得る手段はあります。
様々な情報収集の手段を知れば、
自分に合った企業を見極められるようになります。

▼自分に合った企業を見極めるコツがある

❶ 思い込みや先入観を捨てる

世間のうわさ話やインターネットの口コミなどの信憑性が低い情報を信じると、企業の本当の姿が見えなくなってしまいます。二次情報は疑う意識をもちましょう。

❷ ホームページをくまなくチェック

公式情報であるホームページは信憑性が高い情報です。採用ページ以外にデータや企業理念、経営者の言葉などにも目を通し、企業の実態を想像してみましょう。

❸ コンサルタントを活用する

社内の雰囲気などの内部情報をもっているコンサルタントもいます。資格をもち、実績もあり、具体的なアドバイスができる優秀なコンサルタントを探してみましょう。

❹ 希望や条件を柔軟に見直す

もし面接で「なんかいやだな」「ちょっと違うかも」など違和感をもったら、無視してはいけません。選考中に感じた印象で、志望度を見直すことも大切です。

❺ 転職しないという選択も考える

妥協した転職は絶対にNGです。「いくら探しても納得できる企業が見つからない」という場合は、転職せずに今の会社で頑張るという決断をする勇気も必要です。

面接官のホンネ 一覧表

本書中で紹介した「面接官のホンネ」を、一覧にまとめました。面接官をガッカリさせたりイラッとさせたりしないよう、面接に挑む前に確認し、本番に役立ててください。

● 面接官のボヤキ

● この言葉はガッカリします

● これだけはお願いしたい

● 面接官がうなるワード

● この言葉はイラッとします

● ここも見てます!

● ここも見てほしい!

転職で成功するために
いちばん大切なこと

ここまで本書を読んでくださったみなさま、ありがとうございます。きっと、幸せになるための転職に向けて、やるべきことが理解できたのではないでしょうか。

しかし、じつは本書では「転職を成功させるために最も大事なこと」が説明できていません。

それは、「転職後のあなたの働き方」です。

本書で何度も伝えてきたように、転職は「目的」ではなく「手段」です。

「給与を上げたい」「スキルアップしたい」など、人によって目指すところは様々だと思いますが、たとえ希望をしっかり伝えたうえでの転職ができたからといって、それらの希望が自動的に達成されるわけではありません。

せっかく理想とする条件が整っている企業に転職できたのに、転職後に実力が発揮できず、査定が下がったり、別部署に異動になったり、さらには退職を強いられるような状況に追い込まれたりすることもあります。

転職を本当の意味で「成功」とするには、転職後のあなたの活躍が必要不可欠なのです。残念ながら、私がお手伝いできるのはみなさまが新たなスタートに立つところまでです。そのあとは、みなさん自身の手で成功をつかみ取らなくてはいけません。

本書を読み終えたら、あとは実践あるのみです。心から応援しています！

本書の制作にあたっては、たくさんの方々にご協力・ご尽力いただきました。

最後になりますが、情熱をもって編集してくださった編集の石井一穂さん、本書をわかりやすくまとめてくださったライターの遠藤由次郎さん、素敵なデザインに仕上げてくださったＩＳＳＨＩＫＩのみなさん、イラストで彩りを添えてくださったイラストレーターの加納徳博さん、弊社クライス＆カンパニーの高原美佳子さんはじめスタッフのみんな、そしてこれまでお会いしてきた転職希望者のみなさま、すべての方に心から感謝いたします。

著者

丸山貴宏　よるやま たかひろ

株式会社クライス&カンパニー代表取締役社長。1963年京都府宇治市生まれ。86年滋賀大学経済学部卒業後、リクルートに入社。人事採用担当を約7年経験し、93年にクライス&カンパニーを設立。前職からの候補者面談者数は10,000名を超え、その経験と実績に基づいたカウンセリングは業界でも注目されている。単なる企業情報の提供に留まらず、「候補者の根っこのエネルギーを発掘する作業が我々の使命」がモットー。「本物」にこだわる。

〈著書〉

『そのひと言で面接官に嫌われます』（青春出版社）

『キャリア・コンサルティング』（翔泳社）　など

自分に合った働き方を手に入れる！

転職面接の話し方・伝え方

著　者　丸山貴宏

発行者　高橋秀雄

発行所　**株式会社 高橋書店**

〒170-6014 東京都豊島区東池袋3-1-1 サンシャイン60 14階

電話　03-5957-7103

ISBN978-4-471-21273-5　

定価はカバーに表示してあります。

本書の内容についてのご質問は「書名、質問事項（ページ、内容）、お客様のご連絡先」を明記のうえ、郵送、FAX、ホームページお問い合わせフォームから小社へお送りください。

回答にはお時間をいただく場合がございます。また、電話によるお問い合わせ、本書の内容を超えたご質問にはお答えできませんので、ご了承ください。本書に関する正誤等の情報は、小社ホームページもご参照ください。

【内容についての問い合わせ先】

書　面　〒170-6014 東京都豊島区東池袋3-1-1 サンシャイン60 14階　高橋書店編集部

F A X　03-5957-7079

メール　小社ホームページお問い合わせフォームから （https://www.takahashishoten.co.jp/）

【不良品についての問い合わせ先】

ページの順序間違い・抜けなど物理的欠陥がございましたら、電話03-5957-7076へお問い合わせください。

ただし、古書店等で購入・入手された商品の交換には一切応じられません。